莱 | 布 | 尼 | 茨 | 著 | 作 | 书 | 信 | 集

论预定与恩典

［德］莱布尼茨 著　高海青 译

DISSERTATION ON
PREDESTINATION AND GRACE

人 民 出 版 社

G. W. Leibniz

Dissertation on Predestination and Grace

本卷译自迈克尔·默里（Michael J. Murray）

翻译编辑的《论预定与恩典》英译本

Dissertation on Predestination and Grace

©2011 by Yale University

Originally published by Yale University Press

出版外国图书合同登记号：图字01–2021–4015

耶鲁莱布尼茨

丹尼尔·嘉伯　罗伯特·斯莱　主编

　　"耶鲁莱布尼茨"是一套系列丛书，其中包括大量的莱布尼茨文稿及其译文。每一卷不仅有原文，在对开页上还有英文翻译。原文文本达到了现代文本考证学的最高标准。其中有些文本来自科学院主编的《莱布尼茨书信著作全集》，其他文本则来自同样达到全集编辑标准的其他版本的著作书信集。有些文本将来自莱布尼茨的手稿和早期印刷资料，在科学院版编辑的鼎力帮助下进行了编辑或重新编辑。我们的编译工作有一个新的目标，那就是使学生和学者更容易获取文本。

　　该系列丛书的目的不是出版莱布尼茨全集，也不是出版综合性的选集。尽管编辑与翻译都有统一的标准，但每一卷还是想成为独立的文集，自成一体。该系列丛书的重点是莱布尼茨的哲学思想，不过是广义上的，其内容不仅包括他的形而上学、认识论，还包括他的神学、物理学，乃至他的数学。

每一卷的编辑和翻译人，都是一位从国际学术界中选出的研究 17 世纪后期哲学最优秀的学者。

目　录

序　言

　　1992 年冬，我去马萨诸塞州的艾姆赫斯特旅行，去见罗伯特·斯莱，他那时刚从汉诺威的莱布尼茨档案馆回来。在那里，斯莱无意中发现了莱布尼茨写的一份长篇拉丁文文献，其中讨论了一系列的哲理神学和形而上学问题，包括自由意志、责任、拣选、预定、预知和恩典。经过一番考察之后，我们发现，这份文献实际上是一本完整的专著，莱布尼茨对其精心修订了四次，并有意出版最终版本。

　　进一步调查发现，这本名为《论预定与恩典》的专著是莱布尼茨在 18 世纪头几年撰写的，主要是作为他重新统一新教各派的宏大计划的一部分（其细节在引言中有所阐述）。加斯东·格鲁阿的《未发表的片段》（Gaston Grua, *Textes inédits*）收录了这本书的几页内容，二手文献中也有少量对这个作品的引用。在最近的学者中，法布里齐奥·蒙达多利（Fabrizio Mondadori）和沃尔夫冈·胡贝纳（Wolfgang Hübener）都注意

1

到了这个文本的重要性，后者认为，这个作品没有出版这一事实"令人震惊"，因为这个作品为他的《神正论》这部"人类思想史上划时代的著作"做了重要准备。胡贝纳的评论不容小觑。《神正论》是莱布尼茨生前出版的唯一一部长篇著作，而《论预定与恩典》是其最重要的前身。因此，它有助于我们更全面地把握莱布尼茨通往《神正论》的那种思想的发展，也有助于我们理解莱布尼茨未充分阐发的、常令近来的诠释者沮丧的后期作品的关键部分。鉴于它的中心地位和重要意义，我们认为制作一个包括第四稿（最终稿）的原文及其译文的版本是有价值的。

《论预定与恩典》之所以重要，主要有两个原因：第一，它提供了大量关于最近引起莱布尼茨学者注意的主题的补充材料；第二，如前所述，《论预定与恩典》填补了莱布尼茨已出版的现有文献中一个重要的空白，因为它无疑是他在 17 世纪 80 年代末（他写了《神学体系》和《形而上学谈》）到他生命最后十年（他出版了《神正论》）之间创作的最长和最重要的神学著作。

[viii] 至于第一个原因，在过去的 20 年里，不论是从其本身的角度，还是从其作为阐明莱布尼茨为之辩护的许多令人费解的哲学学说的工具的角度，莱布尼茨学者都已开始认真对待莱布尼茨的神学思想。不同于一个世纪前的莱布尼茨学者所采取的路线，现在的学者一致认为，莱布尼茨在其哲学理论中最首要的目标之一是建构一种形而上学，以巩固其神学上的承诺。因

此，在考察他的哲理神学时，人们常常得到关于维持它的那种
哲学的实质性的启示。

《论预定与恩典》关注的是新教在神的旨意问题上的分歧，
尤其关注的是新教在蒙拣选得救恩问题上的分歧。一般说来，
新教徒在这些问题上有三种主要立场：加尔文主义、阿民念主
义——这种观点得到了大多数路德教徒的支持——以及索齐尼
主义。由于索齐尼主义被普遍认为是异端邪说而遭到拒绝，所
以最重要的神学和哲学之争就发生在加尔文派和阿民念派之
间。阿民念派的观点在1610年被编入《抗辩书》，这引起了加
尔文派一方的反应，加尔文派在1618年召开的多特总会上提
出了"加尔文主义五大要义"。

莱布尼茨以吉尔伯特·伯内特的《对〈三十九条信纲〉的
评述》为背景对这场争论做出了评论。《三十九条信纲》代表
了16世纪英国国教圣职人员对各种教义观点的陈述。这份文
献并不是简单的教义声明，而是为正统的英国国教神学划定了
界限。人们对《三十九条信纲》做了大量的评述，其中最有影
响的便是伯内特的评述。伯内特对第十七条信纲（它也是《论
预定与恩典》关注的焦点）的评述是关于加尔文主义"五大要
义"的讨论，莱布尼茨效仿了这一做法。尽管在这些教义之争
中有许多基本问题，但最重要的问题是如何理解人的自由以及
人的自由与神的旨意的运作之间的关系。加尔文派倾向于一种
相容论，即受造物的自由选择最终由上帝决定。由于阿民念
派无法调和加尔文主义的观点与恶和真正的人类责任的实际

存在，所以他们大多采纳自由意志主义的自由观和莫利纳派的天意观。因此，在试图调和加尔文派和阿民念派的观点的过程中，莱布尼茨不得不面对他自己的哲学图景中出现的一些矛盾，而这些矛盾一直是重要的学术讨论的主题。例如，其中一个问题涉及人类自由的本质这一莱布尼茨作品中令人头疼的话题。《论预定与恩典》对这个话题有着特别有意思的暗示，因为莱布尼茨在这里站在了阿民念派一方。如果关于莱布尼茨的自由观的标准解释是正确的，那么这是令人惊讶的，因为大多数解释者把莱布尼茨视为某种类型的相容论者。

[ix]

《论预定与恩典》也让我们得以一窥莱布尼茨在《形而上学谈》出版和《神正论》出版之间的关键时期在这些话题上的哲学和神学观点。除了格鲁阿的《未发表的片段》中的文章外，那些对莱布尼茨晚年神学思想感兴趣的人就只能研究他的《神正论》了。在格鲁阿那卷书中发现的大部分材料都是一些阅读笔记或正在撰写的文章，而不是那些莱布尼茨已打磨成可发表形式的作品。因此，《论预定与恩典》填补了目前对莱布尼茨在这些话题上的观点的理解的一个重要空白。

出版这本书的计划已经持续了 15 年，一路走来，我欠了不少人情。1993 年夏，在美国人文基金会暑期科研奖学金的资助下，我去了莱布尼茨档案馆。在档案馆馆长赫伯特·布雷格（Herbert Breger）的慷慨协助下，我得以检索到了《论预定与恩典》早期草稿的副本以及那个时期的其他辅助性的手稿材料。在那个夏天和 1994 年的夏天，我得到了安吉拉·宋（Angela Sung）和亚伦·格里菲斯（Aaron Griffiths）这两位非常有能力的学生的帮助，他们两人都不知疲倦地（有时甚至疲惫不堪地）与我一起工作，他们不仅誊写了莱布尼茨的最终稿，还誊写了第三稿中的一些删改内容（在有些情况下，甚至誊写了第一稿和第二稿中的一些删改内容）。

1997—1998 学年，我在威斯康星大学麦迪逊分校人文科学研究所做研究员期间完成了翻译的初稿。在此期间，研究所的另外两位研究员安德鲁·里格斯比（Andrew Riggsby）和乔治·赖特（George Wright）给我提了一些有益的意见，尤其是乔治·赖特，他给了我无数的非常有用的建议。

在过去的十年里，我一直在修改译文，并追踪莱布尼茨引用的大量的基本上不为人知的资料。其中大部分工作是在 2003 年美国哲学学会提供的研究奖的资助下完成的。

在这整个项目中，我从许多人那里得到了有益的意见、建[x]议和指导。我要感谢鲍勃·亚当斯（Bob Adams）、迈克·格里芬（Mike Griffin）、史蒂夫·纳德勒（Steve Nadler）、帕特里克·赖利（Patrick Riley）、唐·卢瑟福（Don Rutherford）、埃里克·华特金斯（Eric Watkins）、托马斯·威廉姆斯（Thomas Williams），要感谢耶鲁大学出版社的两位推荐人，尤其要感谢杰克·戴维森（Jack Davidson）。我还要特别感谢我的家人，柯尔斯顿（Kirsten）、萨姆（Sam）、埃莉斯（Elise）和茱莉娅

(Julia)，感谢他们对我工作的支持，尤其是他们愿意忍受我无数的休假搬家、旅行，以及他们愿意耐心地在图书馆里和图书馆周围等我几个小时。

我尤其要感谢斯文·克奈贝尔（Sven Knebel），他不仅在誊写、翻译、哲学和神学诠释方面提供了建议和忠告，而且在我准备这本书时还为我提供了百科全书式的背景资料。

最重要的，我要深深地感谢鲍勃·斯莱（Bob Sleigh）一路上给我的指导和鼓励。虽然我们最初希望共同完成这个项目，但鲍勃后来鼓励我独自完成。此后，他给我提供了源源不断的支持、建议和动力。此外，他的作品（以及他在我写这本书时所作的评论）为我提供了一个我至今仍向往的清晰、严谨和富有洞察的典范。因此，我怀着深深的敬意和钦佩把这本书献给他。

缩略词表 [xi]

A=*Gottfried Wilhelm Leibniz: Sämtliche Schriften und Brief*, ed. Deutsche Akademie der Wissenschaften（Darmstadt and Berlin: Akademie Verlag, 1923– ）。按系列、卷号和页码引用，例如，A.VI.iv: 109。

AG=*Leibniz: Philosophical Essays*, ed. and trans. Roger Ariew and Daniel Garber（Indianapolis: Hackett, 1989）.

Aiton=*Leibniz: A Biography*, Roger Aiton（Bristol: A. Hilger, 1985）.

C=*Opuscles et fragments inédits de Leibniz*, ed. Louis Couturat（Paris: Alcan, 1903; reprint ed. Hildesheim: Olms, 1966）.

D=*Gothofredi Guillelmi Leibnitii Opera Omnia*, 6 vols., ed. L. Dutens（Geneva: De Tournes, 1768; reprint ed. Hildesheim: Olms, 1989）。按卷号、部分和页码引用，例如，D II.13。

DS=*Leibniz: Deutsche Schriften*, 2 vols., ed. G. E. Guhrauer

（Berlin, 1838–1840）.

Foucher=*Ouevres de Leibniz*, 6 vols., ed. Foucher de Careil （Paris, 1859–1865）。按卷号和页码引用，例如，I.95。

G=*Die philosophische Schriften von Gottfried Wilhelm Leibniz*, 7 vols., ed. C. I. Gerhardt （Berlin:Weidmann, 1875–1890; reprint ed. Hildesheim: Olms, 1960）。按卷号和页码引用，例如，G.vi.264。

Grua=*Textes inédits d'après les manuscrits de la bibliothèque de Hanovre*, 2 vols., ed. Gaston Grua （Paris: Presses Universitaires de France, 1948; reprint ed. New York: Garland, 1985）.

Huggard=*Gottfried Wilhelm Leibniz, Theodicy,* ed. Austin Farrar, trans. E. M. Huggard （La Salle, Ill.: Open Court, 1985）.

Jordan=*The Reunion of the Churches: A Study of G. W. Leibniz and His Great Attempt* （London: Constable, 1927）.

K=*Die Werke von Leibniz*, 12 vols., ed. Otto Klopp （Hanover: Klindworth, 1864–1884）。按卷号和页码引用。

[xii]　　　LH=*Leibniz Handschriften* （manuscripts）: Neidersächsische Landesbibliothek, Hanover;《莱布尼茨评伯内特》的原文摘自爱德华·博德曼所编的《莱布尼茨手稿》，参见 Eduard Bodemann, *Die Leibniz-Handschriften der Königlichen öffentlichen Bibliothek zu Hannover* （Hanover, 1895; reprint ed. Hildesheim: Olms, 1966）。

关于文本与译文的说明

在本书中，我收录了《英国国教教会三十九条信纲》第十七条和《伯内特对〈三十九条信纲〉的评述》，以及《莱布尼茨评伯内特》。伯内特的文本是最初以英文发表的 1699 年版的再版。因为《论预定与恩典》完全以拉丁文出版，所以莱布尼茨所读的伯内特的文本是由参与其调和路德派和加尔文派这一计划的勃兰登堡宫廷牧师丹尼尔·雅布隆斯基（Daniel Jablonski）给出的拉丁文译本。雅布隆斯基的译文很直白，所以我决定不把它收录进来。不过，在少数情况下，莱布尼茨使用的表述只有从他所评论的拉丁文本来看才有意义。我把这样的情况都记了下来。莱布尼茨用小写字母来表示伯内特的评述中与他的评论相关的部分或句子。我以上标字母的形式将其保留在了下面的文本中。

《莱布尼茨评伯内特》的原文摘自爱德华·博德曼（Eduard Bodemann）所编的《莱布尼茨手稿》（*Die Leibniz Handschrif-*

ten, I, XVIII），该手稿保存在德国汉诺威的下萨克森州立图书馆。对这些文本的誊写是在下萨克森州立图书馆和莱布尼茨档案馆允许的情况下进行的。莱布尼茨通过四份草稿完成了这部作品，这里只提供了其中的第四稿。因为莱布尼茨已把这个文本打磨成他认为可以发表的形式，所以我也就只把最终稿收录了进来。尽管原文的这份抄本远远低于科学院版的编辑标准，但它似乎没什么不合适的，其理由有二：首先（也是最重要的），莱布尼茨从一个草稿到另一个草稿所作的修订并没有反映出他的观点发生了被认为具有哲学和历史意义的实质性变化；其次，与许多莱布尼茨的文本不同，我们知道莱布尼茨把这个文献当成了最终稿（引言中有其更详细的解释）。

引　言

1. 莱布尼茨论教会重新统一与《论预定与恩典》的背景

1700 年夏，莱布尼茨作为其朋友索菲·夏洛特（Sophie Charlotte）的客人在她那里度过了一段时光，索菲·夏洛特那时是勃兰登堡选帝侯夫人，不过不久后将成为普鲁士王后。在那里的那段时间，他住在选帝侯夫人在宫殿（原名叫吕岑堡，后更名为夏洛腾堡）为他提供的住所。虽然他很享受与这位选帝侯夫人在一起的时光，但宫廷生活所带来的社交需求却进一步损害了莱布尼茨原本糟糕的身体状况。同年 8 月底，莱布尼茨在沃尔芬布特尔短暂逗留之后，决定告假，前往波西米亚的特普利茨温泉修养并接受健康治疗。在离开特普利茨之后，莱布尼茨在他前往维也纳的路上于布拉格停留了一段时间，而他到维也纳，是奉皇帝利奥波德一世（Emperor Leopold I）之命，去会见维也纳新城的主教弗朗茨·冯·布赫海姆（Franz von Buchheim），商讨新教和罗马天主教的重新统一。

然而，莱布尼茨对此次会面的热情并不高。两年前，他便放弃了罗马天主教和新教重新统一的希望，至少他觉得在他有生之年它们是不可能重新统一了。他在 1698 年 7 月的一封信中写道："我们必须承认，和平的希望已被长期推迟；不仅我们这个世纪不会有幸看到和平的希望，我甚至觉得下一个世纪也不会有幸看到这种希望。"（D IV.157）差不多一年之后，他对与法国主教雅克－贝尼涅·鲍修爱（Jacques Bossuet）就同一问题恢复通信的前景表示悲观，他指出，目前通信的唯一价值是表明信奉新教的王公贵族们愿意为这个崇高的、原则上可实现的目标而努力（D II.247—250）。事实上，正如我们稍后将会看到的那样，莱布尼茨早在 1697 年之前就已经放弃了罗马天主教和新教重新统一的希望。

然而，早些时候，莱布尼茨对重新统一的热情相当强烈，他亲眼目睹了很多事件，这些事件有时让他觉得重新统一也许近在咫尺。1676 年莱布尼茨定居汉诺威后不久，罗马天主教就重新统一派出的首席谈判代表、蒂纳的主教克里斯托瓦尔·罗哈斯·斯皮诺拉（Cristóbal de Rojas y Spinola）在教皇允许他与德国的王公贵族们就重新统一展开谈判后不久，便于 1677 年造访了汉诺威。这是罗哈斯的第一次汉诺威之旅，莱布尼茨没有见到罗哈斯，尽管他知道罗哈斯的到访，并且后来

通过他的朋友约翰·丹尼尔·克拉夫特（Johann Daniel Crafft）
认识了罗哈斯。

　　莱布尼茨在 1679 年夏罗哈斯第二次造访汉诺威时终于碰
到了他。但最重要的会晤发生在 1683 年罗哈斯第三次造访汉 [xvi]
诺威期间。当时，主教试图让信奉新教的德国领地重新统一，
但收效甚微。相比而言，汉诺威宫廷对罗哈斯表示欢迎，并
且不遗余力地向他提出了重新统一的建议，让他向皇帝和教
皇推荐。在他 1683 年访问期间，汉诺威宽容的路德教公爵恩
斯特·奥古斯特（Ernst August），召集担任汉诺威宗教法庭
庭长和洛库姆修道院院长的格哈德·沃尔特·莫兰纳斯（Ger-
hard Walter Molanus）、法庭牧师赫尔曼·巴克豪森（Hermann
Barckhausen）以及两位神学教授——其中一位是著名的路德
宗神学家格奥尔格·卡利克斯特（Georg Calixt）的儿子弗雷
德里克·卡利克斯特（Frederick Calixt）——在王宫与罗哈斯
举行了会面。

　　1683 年 3 月，这场促进和平的谈判的首席神学家莫兰纳
斯向罗哈斯提交了一份文件，概述了重新统一的计划。这份文
件受到了好评，随后又有一份修订文件，名为《关于整个基督
教教会之统一的相关规则》（the *Regulae*）。[1] 这份文件将成为
未来十年关于重新统一的谈判的中心框架。

　　毫无疑问，莱布尼茨在这段时间对重新统一有着很高的希
望。当时最重大的进展和乐观的原因之一是在此之前的 1682
年法国神职人员大会通过了所谓的"四项宣言"。这场大会——

3

莫城主教鲍修爱在大会上发挥了重要作用——由路易十四召集，主要是为了解决与王室对空缺的主教职位的权力有关的问题。但是，大会通过的宣言产生了深远的影响。其中最重要的是第四项宣言，它宣称，从本质上讲，即使在信仰问题上教皇的判决也不能被认为是不可撤销的，除非它得到了教会的同意。莱布尼茨非常清楚，如果该主张能够在那时最强大的罗马天主教国家法国获得广泛支持，那将是朝着重新统一迈出的重要一步。原因是，这一宣言将教皇置于大公会议所定教义的权威之下，并且要求教皇在信仰和道德方面的声明必须得到主教的同意。

通常，罗马教会认为，关于信仰和道德问题的权威教义是从教会主教的同意中获得权威的。因此，当由教会的若干主教组成的委员会被召集来解决教义上的争端时，他们的决议直到整个教会（以世界各地的主教为代表）彻底接受后才被视为教会的信条。因此，这些委员会的决议有时被全部否决，有时被部分否决。**2** 第四项宣言对教皇声明的权威施加了几乎相同的限制。

这对法国神职人员来说很重要，因为这让他们这些主张限制教皇权力的法国天主教徒在抵抗教皇权威的过程中获得了一些制衡的力量。但莱布尼茨和其他参与教会重新统一的人看到的是一种可以消除罗马和新教徒重新统一之最大障碍的方法。对重新统一感兴趣的新教徒一致认为，最大的障碍在于特伦托反宗教改革会议的宣言以及随后教皇对这些宣言的肯定。对于

[xvii]

4

莱布尼茨以及罗哈斯和汉诺威的神学家们来说，新教重新统一的关键在于找到一个合适的方法，将特伦托教规搁置一边，并将有争议的问题提交给未来由新教和罗马两派神职人员组成的委员会，其结果将对重新统一的教会内的所有人产生约束力。如果莱布尼茨能够证明，特伦托会议实际上不是一场大公会议，因此它的宣言以及任何基于它的大公会议的地位而对它的肯定（教皇的或其他别的）可以被搁置一旁，那么他就可以为召开一个新的有约束力的会议铺平道路，而又不破坏罗马对教会权威的看法。

莱布尼茨为事态的发展兴奋不已，于是给早已开始与其进行通信的鲍修爱写了一封信，表达了自己对当时汉诺威正在进行的促进和平的谈判的热情。莱布尼茨无疑是在寻找一位有共鸣的听众。莱布尼茨意识到鲍修爱是当时法国和罗马教会最有影响的神学家之一，鲍修爱在 1682 年大会中所扮演的角色可能让莱布尼茨觉得他会支持《关于整个基督教教会之统一的相关规则》中所提到的计划，将特伦托教规搁置一边，转而赞同稍后召集一场真正的大公会议。在鲍修爱以令人激动的言辞回信后，莱布尼茨觉得更有希望了。同年 8 月，他写信给莱布尼茨道："我听说你告知我的谈判取得了重大成果，我还看到了汉诺威公爵夫人写给古尔维尔（M. de Gourville）的一封信的摘录，信中说已经签署了《和解条款》。……为了宗教的福祉，也为了阁下，因为您给予我如此大的恩惠，我不得不请求您向我详细解释这件如此重要的事情。"（Jordan 146—147, Foucher

I.95）鲍修爱随后告知莱布尼茨，他已经向路易十四本人传达了统一过程的进展情况，并说"国王赞扬了您虔诚的计划，并且只要他知道了这些计划，就会珍视它们"（Jordan 146—147，Foucher I.96）。

然而，到 1691 年，重新统一的计划似乎失败了。尽管鲍修爱早先热情高涨，但直到 1691 年，也就是，莱布尼茨在此时的汉诺威选帝侯夫人索菲的催促下将他对她早前转发给他的《关于整个基督教教会之统一的相关规则》所作的评论寄给鲍修爱之后，莱布尼茨才收到他关于此事的进一步进展的信函。鲍修爱答复说："我清楚地记得，不久前我很荣幸地收到了汉诺威公爵夫人寄来的与维也纳新城主教（罗哈斯，他于 1686 年被任命为该市的主教）达成协议的文件；但由于这件事看起来不可能有结果，所以坦白说，我就没有再去留意那些文件。"（Jordan 150, Foucher I.245）鲍修爱随后要求提供这些文件的一个副本，以便他可以给出一些反馈。但值得一提的是，他在同一封信中说了一些话，而这些话几乎可以保证他拒绝《关于整个基督教教会之统一的相关规则》中所提出的计划。他指出，罗马教会"永远不会放弃任何规定的教义，尤其是不会放弃特伦托会议所规定的教义。……教会章程不允许我们认为可以在规定的教义的基础上做出妥协；很明显，如果不这样做，就会破坏教会的根基，并且可能使所有的宗教信仰都受到怀疑"（Jordan 151, Foucher I.248）。

这封信并不是鲍修爱对罗哈斯与汉诺威神学家同意的重新

统一计划的正式答复。到 1692 年春，莱布尼茨与鲍修爱之间的通信仍在继续讨论重新统一的核心问题，那时鲍修爱也在等待莫兰纳斯另一篇促进和平的文章的完整文本（the *Cogitationes privatae de methodo reunionis ecclesiae protestantium cum ecclesia romana-catholica*）。鲍修爱在 1692 年年初收到了这篇文章。他的回信却直到 1692 年 8 月 28 日才寄出。尽管鲍修爱没有完全排除重新统一的可能性，但他明确表示，罗马教会在召开下一次会议之前不能允许新教徒与罗马来往，也不能同意这样的说法，即特伦托会议不是全基督教的，从而它的教规不具有约束力。莫兰纳斯给鲍修爱写了一封回信，这封信是在一年之后，也就是 1693 年 9 月寄出的。然而，与此同时，莱布尼茨与鲍修爱之间的通信仍在继续，莱布尼茨清楚地看到，鲍修爱在特伦托会议的大公性问题上是不会动摇的。在鲍修爱看来，只有新教徒找到一种认同特伦托教规的办法，重新统一才能实现。莱布尼茨认识到，这样一种立场无异于"告别重新统一"（D XII.260—264，另参见 Aiton 185）。尽管在 1694—1695 年间一再试图从鲍修爱那里索取他对 1693 年莫兰纳斯关于重新统一问题的回信的正式意见，但鲍修爱却从来没有答应过。1695 年 3 月，随着天主教拥护汉诺威的重新统一计划的主要人物罗哈斯的去世，任何重新统一的希望都彻底破灭了。**3**

如前所述，到 1698 年莱布尼茨已经明确表示，在他看来，任何重新统一的希望都破灭了。1695—1698 年这三年间，随着萨克森选帝侯皈依天主教，德国只剩下两个新教选区（布伦

[xix]

7

区（布伦瑞克和勃兰登堡），以及 1697 年结束大同盟战争的条约带来的反新教压力，重新统一事业甚至每况愈下。尽管如此，莱布尼茨还是应恩斯特·奥古斯特的儿子和继承人格奥尔格·路德维希（Georg Ludwig，汉诺威选帝侯）以及利奥波德一世的要求，继续与罗马进行和平谈判。莱布尼茨与莫兰纳斯于 1698 年起草了一份备忘录，交给了罗哈斯的继任者，即维也纳新城的主教冯·布赫海姆。随后，莱布尼茨又于 1700 年造访了维也纳，就重新统一问题与冯·布赫海姆进行了直接会晤。

莱布尼茨继续谈判的动机并不十分明确。如前所述，他认为，持续的谈判至少表明信奉新教的王公贵族们有在基督教会内部寻求统一的良好意愿。但是，莱布尼茨愿意在 1700 年与冯·布赫海姆主教接触似乎至少部分是出于政治动机。当时，利奥波德正通力遏制路易十四的权力，路易十四似乎随时准备接管西班牙国王查理二世治下的领土。由于查理二世没有王位继承人，所以中欧各国进行了谈判，以确保他死后权力的平衡和西班牙王室领土的分配。到 1700 年春，几乎所有国家都同意将西班牙大部分领土割让给利奥波德的儿子查理。但利奥波德坚决拒绝，理由是领土应该尽数移交给查理。很明显，利奥波德的要求不会得逞，并且西班牙的领土有可能会传给路易十四的孙子，即安茹公爵菲利普（Philip of Anjou），而这一计划在 1700 年秋便实现了。就在这段时间里，莱布尼茨被派去加快重新统一的进程，以期至少能进一步赢得西班牙王室的青睐。

　　然而，与此同时，莱布尼茨认真地开启了一项他先前认为比新教和罗马天主教重新统一更艰巨的计划，即新教教派之间的重新统一。1698 年 9 月，当莱布尼茨与莫兰纳斯正在为冯·布赫海姆主教准备备忘录时，勃兰登堡宫廷的牧师丹尼尔·雅布隆斯基抵达汉诺威，与他们协商如何就路德宗和改革宗（即加尔文派，我将在下面交替使用这些名称）的统一进行谈判。莱布尼茨早在一年前就知道了勃兰登堡宫廷的目的，当时勃兰登堡选帝侯弗里德里希将他的计划告诉了莱布尼茨。作为回应，莱布尼茨认为重新统一可以分三步进行。第一步，各方都赞同国家统一。第二步，各方都赞同某种勉强凑合的宗教宽容，即允许一个宗教团体在教义信仰上有一定的差异。莱布尼茨似乎在暗示，仅凭这一点足以使各教派重新统一起来。但是，他指出，第三步也是最困难的一步，也就是神学信仰的统一。莱布尼茨对第三步的前景表示怀疑，指出教义上关于预定和圣餐的分歧似乎特别顽固（D II.165；另参见 Jordan 197—198）。尽管如此，莱布尼茨仍然认为这种神学上的统一至少在原则上是可能的。关于预定，他评论说，"关于预定的争论源于误解，就此，我已经说服了许多聪明之人"（Jordan 198）。但莱布尼茨还是认为，他们应该瞄准宗教宽容这一更加适中的目标。然而，勃兰登堡选帝侯已经向雅布隆斯基明确表示，他所关心的不仅仅是宽容。他们的提议是寻求两个教派的统一，以"福音派"为名形成一个统一的宗教团体。

[xx]

　　毫无疑问，对汉诺威宫廷来说，新教的重新统一在政治上本来就越来越重要。随着萨克森选帝侯皈依天主教，勃兰登堡和布伦瑞克必须努力维护帝国新教徒政治上的完整性。此外，这些宫廷之间也有着密切的家族关系（即使并不总是友好的关系）。汉诺威选帝侯的妹妹（也是莱布尼茨的密友）索菲·夏洛特成了勃兰登堡的选帝侯夫人。这两个宫廷都对其宗教信仰持宽容态度。此外，莱布尼茨与汉诺威王室成员似乎都把路德宗和改革宗的重新统一视作所有新教教派重新统一的范例。这样的前景对汉诺威王室成员来说并非无足轻重，因为早在1698 年，汉诺威王室就开始了旨在确保汉诺威王室成员继承英国王位的谈判，而这一计划在 1701 年的《王位继承法》中得以实现。

　　在 1700—1705 年间，莱布尼茨在柏林逗留了很长一段时间，拜访了当时的选帝侯夫人索菲·夏洛特，并与雅布隆斯基就新教重新统一的事宜进行了会面。为了进一步达到神学上统一的目标，雅布隆斯基和莱布尼茨同意发表一份文件，试图表明两派在预定问题上的分歧实际上只是基于口头之争或其他误解。由于两人都认为英国国教教义的立场为许多有争议的观点提供了一个神学上的中间立场，所以他们一致认为莱布尼茨应该准备一篇文章，评论索尔兹伯里主教吉尔伯特·伯内特最新发表的对英国国教《三十九条信纲》的述评。**4** 最开始，打算是让莱布尼茨准备就伯内特关于第十七条"预定与拣选"的述评进行评论，尽管后来他们讨论过进一步扩大该计划，那便是

[xxi]

对伯内特的整个作品做出解释（但他却一直都没有执行这项任务）。莱布尼茨对伯内特的评论经过三次修订后最终于1705年完成了第四次修订。1706年，手稿准备出版，就在那时，汉诺威和勃兰登堡之间在政治上出现了分歧，这也就注定了该计划的失败。

1706年6月，汉诺威与布伦瑞克之间的第二次联姻是汉诺威选帝侯的女儿索菲·多萝西娅公主（Princess Sophie Dorothea）和勃兰登堡选帝侯的儿子弗里德里希·威廉（Friedrich Wilhelm）的结合。婚礼定于那年11月举行。索菲·多萝西娅反对在勃兰登举办改革宗的婚礼，因为她想保留自己在路德宗悔改教会的成员资格。莱布尼茨建议他们按照圣公会的仪式结婚，因为按照英国议会的法令，两人都被认为是英国公民，[5] 而且众所周知，勃兰登堡选帝侯很看重圣公会的礼拜仪式（Aiton 270）。然而，这一建议却引起了轩然大波，改革宗主教乌尔西努（Ursinus）对该建议进行了谴责，勃兰登堡选帝侯也对雅布隆斯基进行了训斥。这导致格奥尔格·路德维希向莱布尼茨下令停止与勃兰登堡就新教统一进行的所有谈判。在那时，伯内特的信件便被永久搁置了。

2. 伯内特评述中提出的问题

伯内特的评述由77段组成。第1—5段介绍了与这一信条主题相关的争论的焦点。然而，伯内特评述的大部分内容，第

6—59 段，集中阐述了这一时期就拣选问题得到辩护的四种主要立场，尽管大部分讨论只涉及其中的两种。最后的 18 段是伯内特自己对这四种观点及其与圣公会教义的一致性的评述。既然伯内特已经详细地列出了所讨论的立场，所以在这里再重复一遍也就没什么价值了。而我们的引言是为了表明在这里所讨论的争端中什么东西被认为是利害攸关的。

[xxii]　　（1）争论的"根源"：无条件拣选

伯内特在第 2 段开始讨论了他称之为关于拣选的争论的"源头"的问题，即拣选首先是来自上帝彰显祂的荣耀的愿望，还是来自预见到的受造物的自由行为。人们可能很难看出上述两种立场之间的冲突。毕竟，在我们看来，拣选的法令可能有两方面的根据：上帝有意通过拣选那些将表现出某种得救的信心的人来彰显祂的荣耀。但考虑到争议的条款，这种解决方案对许多人来说是不可接受的。原因在于，改革宗关于拣选的信条将这一点当作一个明显的启示，即上帝在完全不考虑受造物的行为的情况下颁布拣选的法令。这便是改革宗的无条件拣选的教义。虽然圣经中大量的段落被引用来支持这一教义，但关键文本可以在门徒保罗的《罗马书》第 9 章第 6—21 节中被找到。原文如下：

> 这不是说神的话落了空，因为从以色列生的，不都是以色列人；也不因为是亚伯拉罕的后裔，就都作祂的儿女；唯独"从以撒生的，才要称为你的后裔。"这就

是说，肉身所生的儿女不是神的儿女；唯独那应许的儿女才算是后裔。因为所应许的话是这样说："到明年这时候我要来，撒拉必生一个儿子。"

不但如此，还有利百加，既从一个人，就是从我们的祖宗以撒怀了孕，（双子还没有生下来，善恶还没有做出来，只因要显明神拣选人的旨意，不在乎人的行为，乃在乎召人的主。）神就对利百加说："将来大的要服事小的。"正如经上所记："雅各是我所爱的，以扫是我所恶的。"

这样，我们可说什么呢？难道神有什么不公平吗？断乎没有！因祂对摩西说：

"我要怜悯谁，就怜悯谁；

要恩待谁，就恩待谁。"

据此看来，这不在乎那定意的，也不在乎那奔跑的，只在乎发怜悯的神。因为经上有话向法老说："我将你兴起来，特要在你身上彰显我的权能，并要使我的名传遍天下。"如此看来，神要怜悯谁，就怜悯谁；要叫谁刚硬，就叫谁刚硬。

这样，你必对我说："祂为什么还指责人呢？有谁抗拒祂的旨意呢？"你这个人哪，你是谁，竟敢向神强嘴呢？受造之物岂能对造他的说："你为什么这样造我呢？"窑匠难道没有权柄从一团泥里拿一块做成贵重的器皿，又拿一块做成卑贱的器皿吗？**6** [xxiii]

13

这段话的开头是这样说的，虽然上帝应许要赐福给亚伯拉罕的"儿女"，但这应许并没有在所有那些后裔身上实现。至少在接下来的两代人那里，这种赐福只给了一代人中的一个人，一个人被选中时并不考虑其功德。这样，应许就临到亚伯拉罕的儿子以撒，而不是他的儿子以实玛利；后来又临到了以撒的儿子雅各，而不是以撒的儿子以扫。保罗在这里似乎想要指出的是，这表明，上帝将祂的救恩应许赐予任何祂愿意赐予的人，其理由与接受者的功德无关。因此，按照改革宗的立场，那些认为拣选的法令考虑到了受造物的自由行为或其他偶然事实的人一定是弄错了。

然而，如果仅凭一时的心血来潮便颁布拣选的法令，那就违背了神的完满性。那么，改革宗把什么当作颁布拣选法令的依据呢？他们声称，答案就在保罗的《以弗所书》的下述经文中：

> 就如神从创立世界以前，在基督里拣选了我们，使我们在祂面前成为圣洁，无有瑕疵；又因爱我们，就按着自己意旨所喜悦的，预定我们借着耶稣基督得儿子的名分，使祂荣耀的恩典得着称赞。这恩典是祂在爱子里所赐给我们的。我们借这爱子的血，得蒙救赎，过犯得以赦免，乃是照祂丰富的恩典。这恩典是神用诸般智慧聪明，充充足足赏给我们的，都是照祂自己所预定的美意，叫我们知道祂旨意的奥秘，要照所安排的，在日期

满足的时候，使天上地上一切所有的，都在基督里面同归于一。（第 1 章第 4—10 节）

保罗在这里指出，预定的原因就是改革宗所谓的上帝的"美意"。当然，这段话并不是要揭示上帝之法令的理由的内容，而只是要表明存在这样的理由，并且它们符合上帝的美意。然而，这些毫无疑问存在的理由，是人类无法发现的，正如保罗在《罗马书》中所强调的那样，他在那一节经文（莱布尼茨在下文中引用了这一节）中感叹道："深哉，神丰富的智慧和知识！祂的判断何其难测！祂的踪迹何其难寻！"（《罗马书》第 11 章第 33 节）

[xxiv]

然而，改革宗以外的许多教派都认为，那里有同样令人信服的证据表明，上帝在颁布有关受造之物拣选的法令时，确实考虑到了他们的某些偶然事实。在改革宗神学家用以为他们的立场提供决定性论据的《罗马书》经文的前一章，保罗似乎指出，事实上，拣选确实依赖于上帝预见到了那些选民信神。因此，我们在《罗马书》第 8 章看到保罗宣称，"因为神预先所知道的人，就预先定下效法祂儿子的模样，使祂儿子在许多弟兄中作长子。预先所定下的人又召他们来；所召来的人又称他们为义；所称为义的人又叫他们得荣耀"（第 29—30 节）。

改革宗不愿让拣选的法令以任何方式依赖于受造物的自由行为，这在某种程度上源于当时所有新教徒都认同的一种更一般的神学立场，即得救不是基于个人的行为。大家都一致认

15

为，一些段落，比如，上述《罗马书》第9章和《以弗所书》第2章第8—9节，都排除了这种立场，后者原文是这样的："你们得救是本乎恩，也因着信，这并不是出于自己，乃是神所赐的；也不是出于行为，免得有人自夸。"

改革宗神学家认为，这一说法蕴含着拣选法令的全部原因完全归于上帝。改革宗阵营之外的那些教派否认了这一蕴含，他们辩称，像上面这样的段落仅蕴含着①恩典是得救的一个必要条件，以及②任何人的自由选择都不能获得足以使他们得救的恩典。

（2）三个相关问题

伯内特接着提到了三个与无条件拣选的教义有关的问题。对这三个问题的选择绝不是任意的。事实上，这里提出的问题是区分改革宗神学与非改革宗神学的五个核心问题中的三个。此外，正如我们将看到的那样，就一个人对无条件拣选的判断可能也会决定一个人对这三个更深层次问题的看法而言，这些问题是联系在一起的。

[xxv] 改革宗神学和非改革宗神学在拣选和预定问题上决定性的决裂可以追溯到17世纪初，当时改革宗的成员对他们的一个前成员詹姆斯·阿民念的教义做出了坚决的回应。阿民念于1650年生于荷兰，这片土地在加尔文派的教义中得到了很大的肯定。阿民念曾在莱顿学习，后来又在日内瓦学习，在那里，他成了西奥多·伯撒（Theodore Beza）的门徒，伯撒是他那个时代主要的加尔文派神学家，并接替加尔文，成了日内

瓦学院的院长。1588 年，阿民念接受了荷兰的牧师职位，此后他开始对伯撒的拣选的观点持严肃的保留态度。1609 年阿民念去世之后，他的观点被西蒙·伊皮克普斯（Simon Episcopius）和扬·艾屯波加特（Jan Uytenbogaert）系统化了。在他们的指导下，1610 年，阿民念的追随者在名为《抗辩书》的五大信条中提出了他们的观点。这五大信条可概括如下：

① 拣选（以及在审判日的定罪）以人类有没有理性信仰为条件。

② 基督为所有人（而不只是选民）而死，但只有信徒的罪得赦免。

③ 没有圣灵的帮助，谁也不能回应神的旨意。

④ 重生者的一切善行都必须归功于神的恩典，但这种恩典并不是不可抗拒的。

⑤ 那些借着真信仰而与基督结合的人，因着圣灵的恩典，才有能力坚守信仰。但信徒也有可能从恩典中堕落。

关于抗辩派的教义的争论促使加尔文派于 1618 年召开多特总会，给出正式回应。来自欧洲各地的加尔文教徒参加了长达 7 个月的会议活动，最终宣布了《多特信经》，后来通常被称作"加尔文主义五大要义"。《多特信经》在形式上分为四个部分，阐明了五大教义要点，旨在逐条纠正《抗辩书》。因此《多特信经》宣称：

① 上帝的拣选法令是有效的，不以人的任何东西为条件（后来被称作无条件拣选的教义）；

② 基督的代赎之死足以拯救所有人，但神的意思是只对选民有效（后来被称作有限代赎的教义）。

③ 堕落之后，人类摒弃了上帝的形象，因此完全无法做任何善事或为自己的救赎做出贡献（后来被称作全然败坏的教义）。

[xxvi]　　④ 信仰的恩赐是圣灵给我们的，是至高无上的，是选民所不可抗拒的（后来被称作不可抗拒的恩典的教义）。

⑤ 那些重生和称义的人必将坚守信仰（后来被称作圣徒永蒙保守的教义）。**7**

《多特信经》成了欧洲大陆改革宗主要的纲领性文件之一。现在我们应该很清楚，为什么伯内特在他关于拣选这一有争议的话题的讨论中以他那样的方式来组织开头的几段话。争议的"源头"对应于第一个教义，而三个衍生问题对应于其他教义，尽管第三个教义，即全然败坏的教义，在这里没有得到明确的关注。**8**

我们不需要在伯内特的第一个"主要问题"（即关于有限代赎的教义）上花太多时间，因为它在伯内特和莱布尼茨的评述中都扮演次要的角色。不过，我还是有几句话想说。有限代赎的问题更多地是基于哲学的考虑而不是释经的考虑。基督教救赎教义的核心主张是，罪导致了上帝和人的彻底分离，即一种由基督的死亡和复活来补救的分离。关于罪导致了何种分离以及这种分离如何通过基督的死亡和复活来补救的具体细节，取决于一个人所接受的代赎观。但是，无论这些细节以何种方式被填充，改革宗神学家认为，补救——即人类的救赎——作为一个事件，如前所述，只能在上帝那里得到完整的解释。因此，当我们寻求为什么是某些人而不是其他人得救的解释时，答案必须只能以上帝至高无上的选择为依据。

但这就提出了一个问题，那便是通过基督的死亡和复活为堕落的人类代赎的效果和程度。如果基督的工作就是遵照上帝的旨意去拯救全人类，那为什么它没有成功？对改革宗圈子以外的那些教派来说，答案是，基督的工作虽以拯救全人类为旨归，但却只有在一个人以信心迎接的时候，才会对那个人有效。但改革宗神学不承认对该问题的这样一种回答，因为这要求对个人得救的解释在一定程度上要在不依赖于上帝至高无上的选择的事实中寻找。因为，在他们看来，受造物的任何东西都不能使代赎有效，也不能使其无效，上帝为个体代赎的意图，只有在上帝未能实现这一意图的情况下，才会失败。毫无疑问，这是不可能的，因此代赎必定只提供给那些已经被选中的人。 [xxvii]

虽然按照改革宗的原则，这里的论证思路似乎已够直接明了，但批评者却很快就指出了这种观点与基督圣经的某些经文很难吻合，因为它们似乎教给我们的是相反的观点，比如，《约翰一书》中的下述内容："他为我们的罪做了挽回祭，不是单为我们的罪，也是为普天下人的罪。"（第2章第2节）而且，由于改革宗以外的那些教派乐意承认，拣选的法令以上帝关于受造物的自由行动的知识为条件，所以他们似乎没有理由接受更加严格的改革宗的观点。

伯内特提出的第二个问题是关于不可抗拒的恩典教义，或如伯内特所描述的那样，是关于"有效恩典"和"充分恩典"各自的拥护者之间的争论。这里的问题关注的是那种带来从未得救到得救重生的转变的恩典。因为改革宗神学认为，对个体得救的完整解释只能在上帝那里找到，所以他们声称，上帝赐给不信的人的恩典对得救来说是必要的，也是充分的。因此，那些被选中的人将得到使他们得救并使他们有得救的信心的"有效恩典"。

改革宗以外的那些教派则认为，有效的或不可抗拒的恩典的教义在哲学上既缺乏理据，也存在严重问题。这种观点缺乏理据，因为如前所述，改革宗之外的那些教派认为，在启示神学或自然神学中没有令人信服的基础来接受这种观点，即对个体得救的完整解释可以在上帝那里找到。因此，改革宗观点的批评者辩称，上帝给所有人提供了充分的恩典，但充分的恩典只有在信仰的配合下才会变成有效的恩典。这种观点在哲学上的困难源于这一事实，即它似乎使上帝不仅成了救赎的创造者，而且也成了完全可预防的恶的创造者。既然救赎未被拣选的人所必需的就是赐给他们有效的恩典来改变他们，那么上帝就该受责备，因为祂没有尽祂所能地阻止他们永为祂所弃绝。

　　这里必须注意的是，在分别与"有效的"和"必要的"进行对比时，"充分的"一词有不同的含义。改革宗观点的批评者认为，上帝提供的恩典对得救来说是"充分的"，但只有在特定环境下才是"有效的"。我们可以这样说，这样的恩典虽然是得救的必要条件，却不是得救的充分条件。因此，根据这一观点，提供给全人类的恩典是**充分的**，但却不是得救的**充分条件**。

[xxviii]

　　最后，我们来看一下伯内特的第三个主要问题，即圣徒永蒙保守。这里争论的焦点是，正如伯内特明确指出的那样，一个得救的人是否会从恩典中堕落，再次成为弃民。改革宗的立场是，这是不可能的，其理由现在应该是显而易见的。因为对得救的完整解释只能在上帝那里找到，所以受造物所作的一切都不会影响它。但同样，受造物所作的一切也不能破坏它。因为上帝无条件拣选的法令和有效恩典的提供构成了对个体得救的完整解释，唯一能使人无法得救的方法就是上帝撤销祂的法令或收回祂的恩典。既然无条件拣选的法令和有效恩典的提供都没有考虑受造物最初将采取的自由行动，所以受造物可能采取的任何行动都不能为上帝撤销祂的拣选提供充分的根据。

　　（3）关于拣选的四种观点

　　在第6—59段中，伯内特集中讨论了17世纪后期新教徒所捍卫的关于拣选的四种主要观点：堕落前预定论、堕落后预定论、阿民念主义和索齐尼主义。因为伯内特在他的文本中清楚地描述了这些观点，所以我们就没必要在这里赘述了。值得

21

注意的是，大部分讨论（事实上，除了两段之外，其他所有的文本）都集中在堕落前预定论者和阿民念派的观点上。个中缘由其实不难发现。因为索齐尼派的观点几乎被普遍认为超出了正统的范围，伯内特和莱布尼茨都没有兴趣在这里深究这种观点。伯内特选择忽视堕落后预定论仅仅是因为在他看来堕落前预定论者和堕落后预定论者持大致相同的观点。这两种观点都源于加尔文主义，都认为对得救的解释只能在上帝那里找到。因此，他们都认为，拣选和弃绝都取决于在不考虑受造物的自由行动的情况下颁布的拣选法令。

那么这两种观点有什么不同呢？堕落前预定论者的观点最先是由伯撒明确提出的。如前所述，加尔文去世之后，伯撒是改革宗神学的主要拥护者。他认为，在上帝的法令中有一种特定的顺序（所谓的**法令的顺序**），即上帝首先下令，要对世界上的每一个人进行拣选或弃绝。在这一（或这些）最初的拣选法令之后，上帝意愿人的堕落、道成肉身、基督死亡和复活等等，只是为了实现在第一道法令中所指定的结果。因此，拣选的法令被认为先于对堕落的考虑和意愿（**堕落前预定论**）。

[xxix]

由于种种原因，到 17 世纪末，堕落前预定论已经不再受大多数加尔文派神学家的欢迎。此外，这种观点被认为过于苛刻，因为它使堕落成了上帝为执行之前的拣选法令而直接规定的手段。**9** 后来，加尔文派思想家为较温和的堕落后预定论者的观点进行了辩护，按照这种观点，上帝首先颁布允许堕落的法令，**然后**下令（**堕落后预定论**）把道成肉身、基督的死亡和

22

复活当作拯救那些被上帝拣选的法令所选中的人的途径。

这两种改革宗的观点都与阿民念派的观点形成了鲜明的对照，如上所述，后者认为，上帝拣选的法令不是无条件的（正如《多特信经》第一个教义所宣称的），而是以上帝知道在提供这样那样的恩典的情况下谁会做出回应为条件的。

莱布尼茨，像大多数路德教徒一样，从梅兰希顿（Melanchthon）时代开始便倾向于一种与阿民念主义而不是加尔文主义更加一致的观点。在我们简要回顾莱布尼茨对他在《论预定与恩典》中所列出的这些问题的看法之前，我们不妨阐述一下那种经常被用来反对阿民念派观点的意见。因为阿民念派认为，拣选以上帝关于受造物如何回应上帝提供的充分恩典的知识为条件，批评者认为，这种关于拣选或预定的观点只是名义上的。因为，他们声称，这样一种观点仅仅主张，上帝预见到了那些将接受所提供的充分恩典的人，然后把那些人算作"被选中的人"。然而，很明显，这里进行选择的是受造物，而不是上帝。上帝只是同意"选择"那些祂已经预见到将会选择祂的人，而这根本就不是"预定"。**10**

如果这种对阿民念派立场的描述是准确的，那么它就会遭到强烈的反对。但阿民念派的立场通常用更加微妙的措辞来表达。对阿民念派来说，预定不仅仅是接受那些上帝预见到将会选择与充分恩典协同作用的人。相反，阿民念派所持的观点很大程度上来自 16 世纪末到 17 世纪初西班牙耶稣会士关于同一主题的思想。就像阿民念派一样，这些耶稣会士认为，上帝的

[xxx] 拣选法令以祂关于受造物所作选择的知识为条件。但这里所讨论的知识并不是单纯的神的**预知**，因为正如加尔文派所明确指出的那样，基于那种关于受造物在将来会如何选择的知识的拣选，充其量只是名义上的预定。相反，这些耶稣会士辩称，拣选通过神的**中间知识**来进行，也就是，那种关于受造物在其中可能被创造出来的所有可能的环境中将会如何行动的知识。关于这种与人类自由相关的反设事实(或他们那个时代所谓的"有条件的未来偶然事物")的知识，将使上帝知道谁会在任何环境下对充分恩典做出回应。因为一个人 p 可能在某些环境下自由地接受充分的恩典，比如，在世界 a 中，但却在另外的环境下，比如，在世界 b 中，拒绝充分的恩典，所以上帝可以控制 p 是否被拣选，因为祂可以控制自己将使 a 发生，还是使 b 发生。**11**

因此，阿民念派认为，拣选的法令是有条件的，这意味着它们以受造物自由地回应所提供的充分恩典为条件。但上帝是否会使那种受造物在其中存在并对这种恩典做出回应的那个世界发生，则完全取决于上帝的创造决定。打个比方，我们考虑一下下面这个例子。我邀请了马克和詹妮弗两位朋友来吃晚饭。在决定上什么菜时，我记得马克最近胖了几磅，所以他最好还是不要吃甜点。此外，我记得詹妮弗看起来有点瘦，所以最好给她上一份甜点。我还记得马克总是只吃巧克力甜点，而詹妮弗总是只吃水果甜点。我决定做一个山梅酱，果然不出所料，詹妮弗接受了，马克拒绝了。

　　人们可能会说，尽管马克和詹妮弗可以控制他们吃什么，因为他们可以自由地选择接受或拒绝所提供的甜点，但我也可以控制他们吃什么，因为我本可以上一份巧克力蛋糕，让马克有甜点吃，而詹弗妮没得吃。因此，虽然他们吃甜点以他们自由接受所提供的甜点为条件，但他们是否接受在很大程度上却也取决于我。**12**

　　同样，虽然上帝无法控制我是否在给定的情况下对充分恩典做出回应，但祂可以选择在我自由接受恩典的环境下创造我，还是在我拒绝恩典的环境下创造我，从而让我负起责任来（因为我是自由的），同时仍让上帝控制我。这样，关于个体得救的事实就不需要仅仅在上帝那里寻找完全的解释了，但上帝仍对拣选和预定保持着强有力的控制。**13**

　　正如伯内特明确指出的那样，改革宗和阿民念派关于人类自由的本性的立场与其关于预定和拣选的立场密切相关。正如伯内特在第 35 段所描述的那样，改革宗关于自由的立场实际上是一种相容论。只要一个人"出于内心的信念和推理而表示赞成或做出选择"，那么这种行为就是自由的，行动者就应对此负有责任。 [xxxi]

　　改革宗喜爱这种相容论者的观点，这一点不难解释。因为他们想维持有效恩典的教义，所以那种仅要求选择来自内在信仰和欲望的人类自由观很容易得到满足。意料之中的是，阿民念派抵制加尔文派所赞同的相容论，就像抵制有效恩典的教义一样，而且出于同样的理由：这两种教义几乎让上帝成了罪的创造者。如果提供神的（有效）恩典是人得救的充要条件，上帝若不提供恩典，祂就该为他们的罪承担罪责。正如伯内特在第44段所描述的那样，改革宗的观点使上帝看起来好像有两种意愿，第一种是所有人都得救，第二种是有些人（弃民）不能得救。

改革宗关于救赎神学（通常简称救赎论）的观点与相容论者的自由观有着天然的亲和性，就像阿民念主义与自由意志主义有着天然的亲和性一样。如前所述，我们也可以在天主教的多明我会士和耶稣会士之间关于这些问题的争论中发现类似的对比，多明我会士所赞同的关于预定、拣选、恩典和自由的那一簇观点就像加尔文派所支持的那一簇观点一样，而耶稣会士关于同一主题的那一簇观点则与阿民念派的那一簇观点如出一辙。是什么赋予了这一簇一簇的观点天然的亲和性？很明显，首先，争端的各方都希望保持对神的旨意的真实理解，维持一种坚实可靠的关于人类自由的教义。前者很重要，因为它是正统神学的要求。后者更重要，因为它的缺失要么将道德的恶变成一种幻觉（这是在嘲弄作为基督教故事之核心的人类的堕落和基督徒对基督的代赎的理解），要么使上帝成为罪的创造者。

如果我们从改革宗的出发点说起，那么相容论似乎就是其应有之意。因为有效恩典必定使选民的心在信仰上转向上帝，并且因为这样的因果关系被认为与受造物的自由是一致的，自由和决定论是相容的。这是改革宗会毫不犹豫地肯定的论证思路。上帝公正地诉诸祂那蕴藏着人类无法发现的秘密的智慧，公正地拣选出那些祂仅凭自身的美意而意愿的人。

相反，阿民念派以这样的信念为出发点，即这种观点不可 [xxxii]
能与真正的人类自由的概念或任何合乎逻辑的"神的良善"的
观念相一致。如果上帝能借着祂的有效恩典，自由地使未得救
者的意志信靠基督，从而从罪和为上帝所弃绝中解脱出来，那
么鉴于上帝神圣的完满性，祂不可能让任何人不得救重生。有
些人最终没有得救，这一事实只有在上帝的拣选法令依赖于上
帝关于"某些个体将自由地对那种并不能有效地使受造物信靠
上帝的恩典做出回应"的知识（更具体地说，中间知识）的情
况下才能得到解释。如果受造物的自由首先与因果决定论（不
管它是由有效恩典带来的，还是由一系列纯粹自然的因果关系
带来的）不相容，那么上帝的法令只能以这种方式依赖于中间
知识。**14**

找出这一簇一簇的观点和它们所包含的教义之间的某些联
系，以便让我们更好地理解莱布尼茨希望从它们中提炼出的观
点。正如我们将要看到的那样，莱布尼茨一如既往地在他的教
义的风格上比大多数人更折衷。用他自己的话来说，他试图表
明一种立场，虽然它与阿民念主义的观点有着极其密切的联
系，但其中也包含着与成熟的阿民念派教义完全不一致的成
分。那些研究文本的人必须仔细留意莱布尼茨所赞成的神学观
点，并且要问一下，这份"菜单"在多大程度上成功地把那些
观点衔接在了一起。

3. 莱布尼茨评伯内特

正如我在第 2 节所指出的那样，关于预定和拣选所采取的各种不同观点在谈到拣选的本质、恩典的有效性、自由的本质以及恶的问题的某些方面等话题时自然地分成了若干簇。莱布尼茨在《论预定与恩典》中对这些问题持何种观点呢？在下文中，我将概述莱布尼茨在这些问题上所赞同的观点。我将按照伯内特的顺序谈一谈莱布尼茨关于无条件拣选、有限代赎、不可抗拒的恩典以及圣徒永蒙保守的观点。然后我将指出他在最近和长期以来引起那些对莱布尼茨广义上的哲学计划感兴趣的人关注的一些问题上所赞同的某些观点，特别是他关于自由、恩典和拣选以及恶的本性与恶的问题的评论。

（1）莱布尼茨对《多特信经》的评论

莱布尼茨关于创造的观点的一个不变的特征是，他认为上帝对世界的统治以神单一的创造法令为中介（AG 72）。莱布尼茨从来都不认为这是在暗示上帝与世界的关系被来自创造法令的单一的创造行为穷尽了。甚至在这篇评述中，我们也可以清楚地看到，莱布尼茨主张，通过保持世界的存在和协助受造物的各种行为，上帝在世界存在的每一刻都与其有因果关系（§11b，§39b，§56a）。尽管如此，莱布尼茨仍坚持认为，上帝在现实世界中的每个保持和协助行为都是由神单一的创造法令所引起的，或者说，就包含在神单一的创造法令之中，因为

28

创造法令着眼于一个其所有细节都被规定的可能世界。

　　莱布尼茨认为，将上帝的创造法令视为单一的，可以获得重要的哲学和神学上的优势。他试图利用这种对他有利的立场来讨论争论的"源头"，即改革宗的无条件拣选教义。我前面已经说过，这场争论是围绕着神的法令的顺序问题展开的。换句话说，上帝是首先意愿借着拣选特殊的个体来显明祂的荣耀，然后意愿达成这一目的的手段，即道成肉身，基督的死亡和复活，以及分赐有效恩典，以确保这些个体得救的呢？还是首先意愿那些将对充分恩典做出回应的个体会因此得救，从而完成关于得救的人和途径的安排，以便使得随之而来的结果所包含的善最大化的呢？

　　莱布尼茨否认这里存在着困境，因为他关于完全的创造法令的教义意味着，"拣选谁"、"恩典如何分配"以及"将赐予哪种恩典"等问题可以说在上帝颁布最初的创造法令的同时就被解决了。因此，莱布尼茨指出：

　　　　这样，对立的观点就可以得到调和，同时保留可敬的作者的原话：上帝颁布祂的法令，从永恒中观察人类（和其他事物），只有一个目的，即祂要在考虑了被造的行动者的所有活动（虽然它们在下令之前就应该被带入现实了），包括非理性事物那些借物质的机械原理连接起来的盲目的活动，以及理性事物那些以目的—手段链条的形式联结起来的自发的运动，并形成了伟大而普遍的创造和眷护计划之后，（通过按照祂最高的完满性完成对其仁慈的传达）显现祂的荣耀和属性（它们是最值得荣耀的）。接着，当有人问，在这一可能事物序列中，哪一种可能事物应该被命定存在时，这些不同的行动者正被要求在他们可能被安排于其中的无数的环境中进行选择和行动；所以，我们可以清楚地知道，在无数的同样可能的其他可能事物序列中，这一可能事物序列是否应该被选择和命定。因为如果事物只有某一种序列是可能的，法令就将不是自由的，而是**必然的**。因此，从某种意义上说，上帝的一切法令都是同时的，甚至在**逻辑上**（in signo rationis），也就是说，根据自然的秩序，也是同时的，而且它们都是相互联系的，任何一个法令都与对其他法令的考虑相联系。（§2a）

[xxxiv]

于是，就有了使这个世界或那个世界发生的元法令，这种法令源于上帝那种想要显明其荣耀的先行的愿望。这种愿望通过上帝使最好的可能世界发生得到了满足。但正如莱布尼茨所指出的那样，要达到这一目的，就必须考虑手段，其中包括实体在不同世界中的行为，因为正是这些行为（至少部分地）决定了每个世界在多大程度上包含着更多或更少的善的等级。因此，在某种意义上，上帝的第一个法令是通过创造一个最能反映神性的世界来显明其荣耀，但这样做却需要留意候选世界中受造物的行为。

　　虽然诉诸这样一种元法令可能会为争论不休的加尔文派和
阿民念派带来某种和谐，但这不太可能把他们一直带向神学上
的统一。莱布尼茨本人在 §2 的结尾似乎认识到，诉诸元法令
不会解决这里的所有分歧。理由是，争端中最紧迫的部分并没
有得到解决：现实世界中法令的顺序或优先次序是什么样的？
也就是说，上帝会使这样一个祂在其中确定恩典的经纶时考虑
到了受造物的自由行为的世界发生吗？

　　莱布尼茨只对伯内特提出的三个主要问题中的第一个给予
了简短的关注，也就是提出有限代赎议题的那个问题。按照莱
布尼茨的评论，很明显，他将这个问题表述如下：上帝的意图
是让基督的代赎工作拯救全人类，还是仅仅拯救选民？他的解
决方法就是采用另一种他所偏爱的策略，即对前件意志和后件
意志进行区分。尽管莱布尼茨在《论预定与恩典》中使用了这
一术语，但他对这一区分所作的最清晰、最简明的描述却出现
在了《神正论》的下面这段话中：

　　　　但在此之前，我们必须先行解释一下本身有不同等　　[xxxv]
　　级的意志的本性。从一般意义上讲，我们可以说，意志
　　就是去做某事的倾向，它与那件事所包含的种种善成比
　　例。这种意志，当其是分离的，并且把每一种善作为一
　　种善来分别考虑时，便被称作**前件意志**。在这个意义
　　上，我们可以说，上帝倾向于一切作为善的善……完全
　　无误的成功只属于所谓的**后件意志**。它就是这种完全的

> 东西；对其适用的规则是：一个人只要有能力，他就永远不会不去做他意愿的事情。由于这种最终的和决定性的后件意志是所有倾向于善的、甚至拒斥恶的前件意志相互冲突的结果；所有这些特殊意志协同作用产生出了总的意志。（Huggard §22; G.vi.63–64）

因此，对莱布尼茨来说，各种各样的善都得到了行动者的考虑，行动者随后会按照与他们感知到的善成比例的程度倾向于每一种善。这些对所有被视作善的事物的个别倾向构成了行动者的前件意志。然而，某些被行动者所考虑的善是这样的，它们的实现妨碍了其他善的实现。例如，我可能认为温暖和干燥是善的，然而我也认为跳进冰冷的河里去救溺水的人是善的。毫无疑问，这些善是不相容的。因此，行动者选择了一个由各种可共存的可达到的善组成的集合——它可以代表那个被认为包含最大数量的最高善的集合。这种作为结果的倾向构成了**后件意志**。

有了这种区分，莱布尼茨认为关于有限代赎的争论就只是口头上的了：当我们考虑到上帝的前件意志时，阿民念派的观点就是正确的；当我们考虑到后件意志时，改革宗的观点就是正确的。然而，我们有充分的理由认为，加尔文派会觉得莱布尼茨的解决方案不太令人满意。首先，这似乎意味着抗辩派的彻底胜利。因为抗辩派并不认为，基督的代赎实际上对所有人有效，莱布尼茨在此提出的观点并不要求他们做出任何让步。

其次，加尔文派可能倾向于认为，莱布尼茨并没有考虑那种一开始促使改革宗的观点对他们产生吸引力的论点。而那种论点便是，如果上帝有意让所有人都能通过基督的代赎而得救，那么所有人便都会得救，除非有某种东西使上帝的旨意无效了。但由于上帝的旨意的有效性并不以其他任何东西为条件，所以没有任何东西可以使上帝的旨意无效。因此，既然不是所有人 [xxxvi] 都能得救，上帝就必定不是一开始就有意拯救所有人。

改革宗阵营中的那些人认为这个论点至关重要，因为它似乎直接来自这一事实，即上帝在拣选法令中并不考虑受造物的行为。既然受造物的协同作用与上帝关于受造物得救的旨意的成功与否无关，那么还有什么东西能够使那些旨意无效呢？正是这种推理使得改革宗的神学家们自始至终都拒绝阿民念派的这种建立在前件意志与后件意志区分之上的解决方案。**15**17 世纪后期颇具影响力的改革宗神学家弗兰西斯·杜赫坦（Francis Turretin）明确反对道："但我们的人始终都拒绝经院学派和新伯拉纠派意义上的［前件意愿与后件意愿之间的区分］，他们通过前件意志认为，上帝的旨意是要拯救普天下所有的人，但他们却通过后件意志认为，上帝的法令是要拯救信的人，诅咒不信的人……这样一来，上帝就会屈从于人，因为后件意志被认为依赖于人类意志的决定，所以任何人若不先借着他的信心和悔罪选择上帝，就不会被上帝拣选。" **16**

然而，请注意，莱布尼茨的解决方案在这里谨慎地避开了对抗辩派在有限代赎议题上的具体说法的认可。毫无疑问，如果某种东西没有使上帝的前件意志变得无效，那么前件意志的对象也将成为后件意志的对象。但我们可以认为，在这种情况下，使前件意愿无效的东西不是受造物不协同作用（正如抗辩派所认为的那样），而只是神的其他前件意愿的存在，这些意愿的对象与所有受造物的得救不可共存。因此，莱布尼茨指出，所有人得救这一前件意愿"受到了神的智慧所考虑到的同时出现的**其他考量**的影响——对我们来说，这些考量有些显而易见，有些隐而不彰"（§3a；黑体为英译者所加）

值得注意的是，在后面的评述中，莱布尼茨试图采用一种类似的解决方案（尽管并不是直接针对有限代赎的话题），但使用的是加尔文派更乐意接受的术语。改革宗神学家们对神的意志所作的他们所看好的少有的几个区分之一，便是他们对上帝**意志的预兆**（voluntas signi）和袖**喜悦的意志**（voluntas beneplaciti）的区分。改革宗的思想家用这些术语来区分上帝意欲的东西和上帝最终命定的东西。他们用这些术语来区分，比如，上帝意愿受造物按照袖的命令去行事的意志（有时被称作袖的"诫命的"旨意）与上帝意愿受造物按照袖在世界上的实际作用去行事——即存在着不按照诫命的旨意行事的受造物——的意志（有时被称作袖的"命定的"旨意）。尽管他们不认为这相当于莱布尼茨对前件意志与后件意志所作的区分，但莱布尼茨试图在§31a中指出这两种区分到底有多么相似。

[xxxvii]

关于第二个主要问题，即关于不可抗拒的恩典的教义，莱布尼茨很大程度上持阿民念派的观点，尽管他没有排除恩典有时是得救的充分条件的可能性。我们前面已经说过，改革宗的观点是不同的，认为神的恩典不仅是得救的充分条件，也是得救的必要条件。然而，莱布尼茨明确指出，如果救恩是不可抗拒的，或用他自己的术语来说，"由于自身而得胜的"，那么，在这种情况下，上帝就会使个人的悔改不涉及他或她的自由选择。对此，莱布尼茨说道："我更愿意把那些确实推动意志的帮助称为**绝对无误的**有效帮助，而不是**不可抗拒的**有效帮助，这样一来，人的自由就是完整的了，必然性也就不被认为是强加在我们身上的了。"（§4a）

因此，莱布尼茨承认，在大多数情况下，阿民念派是正确的。上帝（通过中间知识）能绝对无误地知道某种恩典将足以使某人自由接受基督的救恩，因此能绝对无误地通过提供救恩，使那个人得信心。因此，尽管这种恩典有可能无法带来它预期的效果（因为行动者是自由的，可能不接受基督的救恩），但神通过中间知识确保了这样的结果不会出现。因此，莱布尼茨想清楚地表明，阿民念派可以接受这样的观点，即上帝提供的若是有效恩典，那也就是绝对无误的有效恩典。允许这种说法至少可以让加尔文派和阿民念派在口头上走到一起。

然而，我们应该清楚的是，这样一种解决方案将不会再得到那些持改革宗立场的人的同情。改革宗立场的关键不在于上帝是否能保证祂可以得到祂想要的结果。正如莱布尼茨所表明的那样，阿民念派和加尔文派都坚持这一点。[17] 区别在于，对加尔文派来说，神的恩典是否成功地确保了某一特定的结果，是不依赖于受造物的意志的。**18** 而莱布尼茨试图通过运用"绝对无误的"恩典来远离这一立场。

[xxxviii]

莱布尼茨对第三个主要问题的看法，即关于改革宗的圣徒永蒙保守教义的看法，是明确的，而且不像往常那样，它是不妥协的。莱布尼茨就改革宗的观点指出，它"捏造了一些缺乏任何根据、与经验相反、从古代起就被教会的大多数人所拒绝的假设。这些假设并非全然没有危险"（§38b）。

不过，虽然莱布尼茨认为圣经上、哲学上和实践上反对改革宗观点的论据都很有说服力，但他显然不愿就此作罢，不向改革宗一方做出丝毫让步。因此，莱布尼茨站在加尔文派一边，反对许多阿民念派教徒，支持一种有时被称作"信心的确据"的相关教义。

正如我们前面所看到的那样，阿民念派拒绝永蒙保守的教义，即一旦一个人有了信心并因此靠着上帝称义，他就永远不会堕入被上帝所弃绝的状态。但许多阿民念派教徒也接受了这一观点，即一个人不能确切地知道自己是否真信，因此他在任何时候都能得着称义。这一教义在特伦托会议上得到了罗马天主教徒的明确肯定，也得到了许多阿民念派教徒的明确肯定。**19** 然而，莱布尼茨不认为，这一教义维护了改革宗关于信心的确据的主张，同时又没有进一步维护永蒙保守的教义。

改革宗关于永蒙保守的主张背后的一个关键问题是，它让基督徒确信自己得救了，改革宗认为这在圣经中得到了明确的肯定。永蒙保守是一种保持一个人对救恩的信心的方法，即使他仍旧犯戒律，因为它保证了一旦一个人蒙救恩，那么他将永远蒙救恩。正如我们所看到的那样，莱布尼茨不承认这一教义。但他保住了关于确据的教义，他认为，即使人类会失去救恩，但他们在任何特定的时间都能绝对无误地意识到自己是否得救："所以，如果采取一种中间路线（不同于一些教皇党徒），我们就会持一种更为正确的观点，即关于我们的信仰、悔改和称义，特别是通过认真考虑我们所意识到的当前的内在行为，我们就可以更加确定；而且我们认为（不同于一些改革宗的人），如果没有特别的启示，我们便无法确定我们最终永蒙保守或拣选，因此，即使虔诚的人对基督的信心很大，由于我们有一个善良的神，子女式的惧怕也仍然存在。"（§38b）在争论的核心问题上，莱布尼茨再次站在了抗辩派的一方，而对加尔文派做了很小的让步。

　　莱布尼茨关于上述问题的观点既令人惊讶，也是意料之中。当我们考察他在加尔文派和阿民念派所争论的问题上的立场时，我们发现莱布尼茨对阿民念派一方做出了重大的让步，而对加尔文派一方只是做出了最低限度的让步。这是意料之中的，因为莱布尼茨代表他自己和布伦瑞克的选帝侯，他们都是路德信徒，并且路德宗从梅兰希顿时代起对阿民念主义的同情就远远大于对加尔文主义的同情。

[xxxix]

　　然而，正如引言第 2 节第（2）部分结尾所指出的那样，在阿民念派和加尔文派之间的争论点上，神学上的承诺通常一簇一簇地被成套采纳。这一簇一簇的承诺包含了对相关的哲学和神学立场的承诺。不难理解，这些立场非常一致。具体而言，一个人关于上述争议的观点可以在很大程度上被用来确定一个人关于人类自由和恶的问题的观点。莱布尼茨的阿民念主义的惊人之处在于，它与他关于自由和恶的问题的观点格格不入。大多数人都认为，这些观点都坚定地支持加尔文主义。在最后的部分中，我将更深入地研究莱布尼茨的阿民念派神学立场及其与他所支持的其他哲学立场的关系。

（2）莱布尼茨在《论预定与恩典》中关于自由、恶以及相关哲学问题的观点

如果你只了解莱布尼茨在上述第2节第（3）部分中提到的关于《多特信经》的观点，你会认为莱布尼茨一定赞同自由意志主义的自由观和自由意志式的神正论。然而，有趣的是，莱布尼茨自始至终都反对前者，在阐述自己的观点时很少使用后者。这就是莱布尼茨的折衷主义。但是，如果莱布尼茨拒绝这些几乎被阿民念派一致认可的观点，那么他持什么观点呢？他有没有在哲学上给予阿民念派小恩小惠？此外，如果莱布尼茨在相关哲学问题上的立场倾向于加尔文派，那么他全部的承诺是否还前后一致地衔接在一起呢？提出（和回答）这些问题将有助于我们更好地领会莱布尼茨在哲学和神学上的折衷主义，以及他自身对这些有争议的哲学问题的理解。然而，值得一提的是，如果我们发现莱布尼茨在哲学问题上完全支持改革宗的立场，我们应该感到惊讶，不为别的，只是因为他的抗辩

派的神学立场似乎与这样的哲学观点有很深的矛盾。

我们不可能对上述各种神学教义与人们可能对人类自由的本质和恶给有神论者带来的问题所持的各种立场之间存在的关系给出一种相当完整的解释。我们甚至不可能在这里对莱布尼茨自己关于这些问题的观点给出一种还算完整的解释。因此，我只能简短地总结一下莱布尼茨在《论预定与恩典》中提出的观点，并简要地评述一下这些观点。 [xl]

任何了解莱布尼茨在《神正论》中关于自由的本质的看法的人，都不会对《论预定与恩典》中的观点感到惊讶。在§42h中，莱布尼茨列举了这场争论中各方使用"自由"一词的三种方式。首先，它被用来指通过实践慎思来确立行动路线的意愿。其次，它被用来指在对各种可供选择的事物保持完全（先验的）漠然态度的同时在这些事物中进行选择。最后，它被用来指一种能够控制自己的情感对选择的影响的能力。尽管莱布尼茨对这三种现象都有自己的看法，但他却认为人类的自由就是上述第一种意义上的自由。

在§43a中，他给自由下了一个定义，这个定义与后来《神正论》中所提到的定义大致相同："经过**慎思**、**脱离必然性**的**自发的**行为。"（黑体为英译者所加）当然，要理解这一观点，我们就得先解释自发性和必然性概念。很遗憾，莱布尼茨在《论预定与恩典》中没有对它们进行详细解释。不过，他确实在别处详细论述了这些特征。

在许多文本中，莱布尼茨都认为自发性是自由行动的必要条件，自发性是所有实体所固有的，因为实体间不存在因果作用。因为任何一种实体都不是其他实体的状态的原因，所以每一种实体都必定完全自发地活动。**20** 因此，在《神正论》中，莱布尼茨在两个地方详细讨论了自发性的条件，他写道："灵魂在其自身有其所有活动的原则，甚至有其所有受动的原则；散布在整个自然界的所有简单实体也是如此，尽管只有那些理智实体才有自由"（Huggard §65; G.vi.138），"因为预定和谐的确立毋庸置疑地表明，在自然的进程中，每一个实体都是其所有行动的唯一原因，而且除了上帝惯常的协同作用外，每一个实体都不受其他所有实体的物理影响。而且，这个体系还表明，我们的自发性是实在的，而不仅仅是表面现象上的"（Huggard §300; G.vi.295—296）。

莱布尼茨在《论预定与恩典》中呼应了这些观点，他断言"所有实体都有偶然性和一定的自发性，但只有理智实体才有自由"（§11e）。但如果这就是莱布尼茨为自发性辩护的全部理由，那他的辩护就太过牵强了。自发性的概念作为对自由的解释的一个重要组成部分被引入，仅仅是因为它保证了某种意义上对自由行为的解释的**终点**必须落在行动者身上。在一定意义上，莱布尼茨粗劣而又简单的保卫自发性的方式让人觉得他就是持这种观点。但自发性也正是防止（比如说）被迫行为被视作自由的、有道德意义的行为的条件。因此，如果莱布尼茨想要通过他的一般的形而上学承诺来保证他的自发性，他将无法解释或至少不得不寻找其他方式来解释为什么不该追究被迫

[xli]

行为的责任。因此，他需要的是这样一种自发性，即它能使他辨认出那些对行为的解释的（至少是表面上的）终点在行动者之外的情况。[21]

有时，莱布尼茨确实采用的是这样一种自发性的概念，它似乎更符合他在讨论自由的语境下的目的。在这种语境下，莱布尼茨似乎认为自发性没有任何外在的、决定性的、直接的、现象上的原因。莱布尼茨在一些段落中都清楚地说明了这一点，而有些是关于神的自由的，有些则是关于人的自由的。下面这段话主要关注的是神的自由："至于上帝为什么选择最好的，除了因为他想要选择最好的或者因为选择最好的是神的第一个欲望以外，没有别的理由。也就是说，这不是来自事物本身，而是纯粹来自上帝的意愿。而且不管怎样，祂的意愿是自由的，因为祂的意愿的理由不是别的，而是另一个意愿；这并不是说，某种东西的给予是没有理由的——而是说，那理由是上帝的意愿所固有的，而这其中包含了自发性的真正本性，即它的源泉是自身，而不是某种外在的东西。因此，每个心灵都有一定的自由，上帝协助心灵行动，否则心灵不会行动，而只有上帝才会行动。"（Grua 301）[22]另一方面，下面的文本关注的则是人的自由中的自发性："当我们自由地行动时，我们不像被推到悬崖上并被从上面扔下来时发生的那样是被迫的；当我们慎思时，我们不像被打了一针使我们丧失辨别能力的麻醉剂时发生的那样被阻止拥有自由的心灵。"（Huggard §34; G.vi.122）

格雷姆·亨特（Graeme Hunter）注意到了莱布尼茨形而上学中对自发性的更加严格的运用的重要性。他认为，经院哲学家和大多数现代人之间的一个基本区别是，对前者来说，一些因果链条是由实体内部借助其形式所拥有的内在因果力量引发的。然而，对于惯常回避亚里士多德的形式的现代人来说，实体失去了在自然界中引发因果链条的能力，并因此变得只服从于"支配基本物理形体碰撞的简单法则"**23**。但按照这种观点，自由很可能被认为会遭遇严重挫折，因为人的形体，就像任何其他形体一样，也会变得服从于支配它们的法则。因此，自由就会意味着以下四种情况之一：就霍布斯来说，不受阻碍；就斯宾诺莎来说，按照本性行事；就洛克来说，按照我们的意愿行事；或者就笛卡尔的灵魂来说，一种归属于无广延领域的神秘力量的显现。莱布尼茨依次拒绝了这四种定义。与此不同，他认为只有在人们没有认识到真正的自发性原则（即允许受造物成为因果活动的发动者，而不是被动"移动的"形体）时，这四种定义才是替代方案。因此，他重建了经院哲学家形而上的实体形式学说，并借此重建了一种强有力的自发性学说。

[xlii]

当谈到必然性这个话题时，问题就复杂得多了。关于莱布尼茨对模态之本质的看法的文献数量庞大，我就不在这里再做补充了。《论预定与恩典》中关于选择的偶然性的部分再次提到了莱布尼茨高深莫测的说法，即我们之所以保持自由，是因为理由只使我们有倾向，没有强迫我们。莱布尼茨认为，正是出于这个原因，我们才保留了"不这样做的能力"，从而做出了偶然的选择。这一点在原文中讲得很清楚，其中一处这样说道："即使在我们内部的和外部的所有环境同一时间被考虑到的情况下，一个全知的绝对无误的知者确信我们不会采取不同于我们实际上将采取的行动，我们也永远不会处于这样一种状态，即我们不可能（也就是，绝对不可能）采取不同的行动。……所以那些关于命运、不可避免性、不可抗拒性的说法是真还是假，取决于它们是如何被接受的：就它们与绝对无误性、确定性和规定性有关而言，它们为真；但就它们与必然性或那种其对立面不可能的东西有关而言，它们为假。当我们自由行动时，我们总是有倾向，从来没有被强迫。"（§43a）还有一处这样写道："所以，人确实通过一种**倾向性的**而不是**强制性的**联系，为他所有的行动提供了一种原则。因此，人不仅自己有这样的原则，而且还有**支配权**，这种支配权不会因为我们选择了那些我们认为最好的事物而被破坏，相反，它会因此而被实现。"（§11e）

为了理解莱布尼茨这里的主张，我们需要简要回顾一下莱布尼茨关于自由的哲学论述中经常被忽视的一面，即他的官能心理学。就像他那个时代的大多数同仁一样，莱布尼茨将自由选择描述成了源于灵魂的两种官能的活动，即理智和意志的活动。阿民念派和加尔文派（以及罗马教会那边的耶稣会士和多明我会士）之间的许多争论都围绕着自由的心理展开。简言之，双方都认为，完全自由的人类行为是理智和意志活动的产

[xliii] 物。理智的功能是考虑达到预期目的的手段，而意志的作用则是选择其中一种手段。有争议的是意志对最终结果的**控制**程度。阿民念派和耶稣会士都倾向于自由意志主义，认为理智的作用是确定达到目的的各种适当手段，而意志的作用则是从中做出选择。按照这种观点，意志保有对最终结果的控制，因为意志从"无差别的"可供选择的手段中进行选择，这里的无差别意味着不存在因果或形而上的强制性。

另一方面，加尔文派和多明我会士则辩称，意志在选择中的作用只是去意愿理智此时此刻认为最好的手段。因此，阿民念派和耶稣会士所提出的那类可供选择的事物并非无差异。加尔文派和多明我会士还认为，意志是自由选择，尽管他们在解释"为什么这样的选择被认为是自由的"这一问题上有区别。那些持这种立场的人通常就自由给出下述两种解释中的一种。有些人认为，根据这个方案，意志仍然是自由选择，因为意志间接控制选择之前的慎思过程。由于意志可以引导理智专注于某些对象而不是其他对象，或对象的某些特征而不是别的特征，所以意志可以控制慎思过程并因此控制慎思之后的选择。**24** 另外一些人则认为，意志的本性使它避免了在选择中被强制。意志被理解为对善的欲望，它对对象的意欲等级与对象被感知到的善的等级成比例。但除了一个对象，即在其本质中显现的上帝之外，没有一个对象表现出足够大的善，足以迫使或强制意志做出选择。但既然我们今生所遇到的所有被造物都不被认为具有这种最大的善，那么它们就只产生使意志倾向于它们的善，而不是强制意志选择它们的善。**25**

很明显，莱布尼茨在这个问题上拥护加尔文派。和他们一样，他也坚持认为，意志并不像自由意志主义的阿民念派所提出的那样，对可供选择的事物持漠然态度。莱布尼茨提出了若干反对自由意志主义立场的论点，其中许多都是直接从他那个时代的加尔文派和多明我会士的批评中提取出来的。因此，比如说，莱布尼茨在他的作品中指出，如果意志以自由意志主义者所主张的方式选择，那么它自身就必须能够进行某种慎思，因此赋予它自身以实践理智："**如果意志去判断**，或去认识知性或感性所给予它的理由和倾向，那么**它本身就需要另一种理智**来理解所给予它的东西。但事实却是，灵魂或思维实体理解理由并感受倾向，然后根据占主导地位的表象来决定改变它的能动的力，以便形成行动"（*Observations on King*, Huggard, 421; G.vi. 415，黑体为英译者所加）。

[xliv]

莱布尼茨在这里诉诸于这样一个事实，即当我们做选择时，我们认为自己拥有某种意义上可以解释我们为什么做出这样的选择的理由。但如果这种说法是正确的，并且理智在慎思中提供的理由不能解释选择，那么意志就必须提供这样的理由。无疑，这似乎赋予了意志独立慎思的能力，但这是争执各方所拒绝的。

在其他地方，莱布尼茨指出，自由意志主义的观点是不成立的。根据一个明显有漏洞的论点，莱布尼茨解释说，在自由意志主义所阐述的漠然态度的情况下，当行动者有两个以上的选项时，选择是不可能的："这种全面的平衡是不可能的，因为如果我们同等地倾向于路线 A、B 和 C，我们就不能同等地倾向于 A 和非 A。"（Huggard §35; G.vi.127—128）

毫无疑问，任何自由意志主义版本的漠然态度都不需要这一类的漠然态度。它只要求人们的倾向不那么强烈，以致它们因果地（或形而上地）强制人们做选择。莱布尼茨在讨论布里丹的驴子时提出了一个类似的糟糕的论点：

> 布里丹的那头站在两块草地之间的驴子，受到这两块草地的同等吸引，这个例子在宇宙和自然秩序中是一种不可能存在的虚构的故事。……因为这个宇宙不可能被一个穿过驴子中间的平面切成两半，这个平面垂直地将宇宙和这头驴子切开，以致这两半是同等的和相似的。……无论是这个宇宙的两个部分，还是这个动物的内脏的两个部分，都不一样，它们也不是均匀地分布在这个垂直平面的两边。因此，这头驴子身上和这头驴子之外都始终有许多东西，它们虽然并未显现给我们，但却决定着这头驴走向这一边而不是另一边。虽然人是自由的，而这头驴不是自由的，但出于同样的理由，在人身上也不可能出现两种行动路线完全平衡的情况，换句话说，行动者能够把两个或两个以上的行动路线视作极其相似的。（Huggard §49; G.vi.129—130）**26**

莱布尼茨要么误解了这一观点，要么就是偷换了概念。但至关紧要的是，一个行动者是否能将两种选项视为同等的，并在其中做出选择。而是否能成功地平分宇宙，这根本就无关紧要。[27] 而且，即使自由意志主义者承认任何行动者都不能同时平等地倾向于两种或两种以上的行动路线，这一点也与他们的观点无关。自由意志主义者不需要争辩说，行动者**实际上**总是将相互竞争的可供选择的事物视为同等的。自由意志主义者只是主张，意志可以选择行动者认为不那么善的选项或意志不那么意欲选择的选项。因此，即使两种行动路线不可能被认为同样善，或同样被行动者所意欲，这也与自由意志主义者的立场无关。

[xlv]

莱布尼茨有时似乎意识到了对自由意志主义立场的这种更微妙的理解，而且当他对自由意志主义的观点进行最广泛的反驳时，也就是，当自由意志主义的观点与充足理由原则相冲突时，他用到了这种理解。当然，这也正是布里丹的驴子的例子试图阐明的要点所在。像加尔文派与多明我会士阵营中的许多人一样，莱布尼茨也认为，任何事件的发生都有充足的理由来解释为什么这一事件而不是其他事件会发生。由于自由意志主义的观点恰恰不需要这种充足理由，莱布尼茨毫无例外地拒绝了这种观点。值得注意的是，莱布尼茨提出批评的方式听起来很像早期多明我会士对自由意志主义者提出的批评。这里有两个代表性的例子，其中一处写道："莫利纳派被均衡的无差别（漠然态度）这一虚假观念弄得非常尴尬。人们会质问他

47

们……一种选择如何可能最终产生于一种没有任何来由的决定：按照莫利纳的说法，有人会说那是自由因的特权，然而，这等于什么也没说，而只是简单地承认了这种自由因具有成为凭空捏造出来的东西的特权"（Huggard §48; G.vi. 129）；另一处写道："宣称一种决定来自一种绝对不确定的完全的无差别，也就是宣称这个决定自然而然地来自于虚无……那将不仅是某物从虚无中出现，而是**从它自身中**出现"（Huggard §320; G.vi. 306）。

因此，在莱布尼茨看来，意志的选择必须有一个充足理由，而这个充足理由相当于这样一个事实，即某种行动路线被认为是此时此刻最好的。**28** 为此，我们看到，莱布尼茨在《论预定与恩典》中为他的这一观点进行了辩护，即"善，当它被充分知觉到时，就会绝对无误地决定灵魂，尤其是当被知觉到的善是最高善时。……的确，至高无上的心智是通过考虑什么最好而被绝对无误地决定的：一个人越是自由，就越是［以这种方式］被决定。自由是与某种漠然态度而不是'均衡的漠然态度'结合在一起，换言之，以这种均衡的漠然态度，便没有理由更多地倾向于一种可供选择的事物，而这种漠然的状态是凭空捏造出来的，就像我们从布里丹的驴子的例子·中所看到的那样，它可以被那些不仔细考察事物根据的人设想出来，但却不可能存在"（§34c）。

[xlvi]　　　这里重要的是，莱布尼茨认为，自由源自必然性，这一点在有关理由影响意志的方式的各种事实中有其根据，而且事实

上，尽管慎思的结果确定了意志的选择，但它并没有强制意志做选择："上帝本身，即使祂最大程度地决定要行善，也仍然是最自由的，不仅不受强迫，也不受必然性的约束。理由使聪明的人有倾向，但不会强迫他。他有可能采取不同的行动，但他肯定不会这样做。"（§35b）

很明显，莱布尼茨不想支持自由意志主义。但同样明显的是，他认为自由与必然性是不相容的。当然，关键是莱布尼茨认为哪种必然性与自由不相容。莱布尼茨自始至终都反对自由与形而上或逻辑的必然性（necessity）相容的主张，尽管许多人都认为莱布尼茨仍认同这种强制性（necessitation）。

自由是否与物理的或因果的必然性相容？毫无疑问，莱布尼茨认为，自由与有形物体层面的完全决定论相容，或更准确地说，根据完全确定的自然法则，形体的行为是完全可预测的。那么自由是否与心理事件序列中的因果强制性相容呢？大多数人都认为，从因果必然性来讲，即使是从心理层面的因果必然性来讲，莱布尼茨必定是一个相容论者，因为，在形而上的基础层面，所有因果关系都是内在的因果关系，单子的每一个状态都是它作为内在原因的前一个状态的结果。因此，无论我们如何分割现象，慎思和意愿的本体论基础必定由具有内在因果关系的单子状态构成。此外，许多人断言，莱布尼茨明显认为心理事件彼此之间是有因果关系的。而《论预定与恩典》的这段话经常被用来做出这一断言："然而，只要事物自然地进行，物质世界的一切就都是通过一连串的运动发生的，但它们从一开始便在上帝的安排下顺应心灵，并注定要达到道德目的，正如心灵中的一切都通过由上帝引向精神目的的一连串的直接知觉和欲望自然而然地发生一样；当它们截然不同，并通过推理而产生时，它们便构成了手段与目的的联系。"（§11e）

[xlvii]　　但要注意的是，莱布尼茨在这里并没有说心理事件之间的关系是因果必然的。并且有趣的是，他自始至终都将这种关系仅仅描述为一种"不带强制性的倾向"。在写完《论预定与恩典》后的几年里，莱布尼茨采用了一个很有特色的术语，将慎思的结果和意愿之间的关系说成是一种"道德的必然性"。我在其他地方已经论证过，在莱布尼茨采用这一措辞时，他便与17世纪末到18世纪初众所周知的、用"道德的必然性"来指认一种弱于物理或因果必然的模态的官能心理学传统联系在了一起。**29**

　　既然道德的必然性的观念（至少名义上）没有出现在《论预定与恩典》中，我们就不需要在这里进一步探讨这个概念了。当我们转向莱布尼茨在《论预定与恩典》中对恶的问题的处理时，我们可以看到，如果我们认为莱布尼茨支持我们所谓的"心理因果相容论"，就会引发紧张。如前所述，加尔文派和阿民念派关于自由、恶、恩典的立场，以及伯内特在评述的开头就《多特信经》所提出的问题，自然地形成了若干簇。要想了解这种紧张是如何在莱布尼茨自身观点中显现出来的，我们需要更多地了解莱布尼茨是如何处理恶这个话题的。

　　恶的问题是莱布尼茨那个时代大多数关于上帝与恶可共

存——或者，就像人们经常说的那样，一个全知的、全能的、全善的存在者是否能够创造一个没有那么多恶的世界，而又不因此损害祂可能提出的创造的其他目标——的讨论的焦点。换句话说，那时的批评家想要问的是，难道一个神圣的存在者就不会做得比这更好吗？我们可以把恶的问题的这方面称作"未发挥潜能者的问题"。

按照大多数中世纪和近代早期思想家的说法，这个问题并不是恶的存在所带来的主要难题。对他们来说，真正的问题是，为什么上帝，一切万有的创造者，创造了一个世界，并因果地促成了世界上发生的每一件事，而祂的品格却没有被这个世界所包含的恶所玷污。因为上帝，作为世界的创造者和支撑者，与世界的存在和运行是如此密切地、因果地交织在一起，上帝如何能避免标示那些（同样）有意地、因果地卷入罪的受造物的品格的污点呢？这里的问题是上帝的圣洁与上帝**因果地**参与恶的相容性。我愿把恶的问题的这一方面称作"圣洁的问题"。当中世纪的思想家们编造他们关于恶的形而上学本性的故事时，他们所回应的正是这个问题。对圣洁问题最常见的回应是这样的：因为恶是一种缺失，它是一种存在的缺乏，而不是存在的一种附加物。既然是这样，恶便是某种由于本身而不需要理由的东西。这样一来，由于本来要标示上帝品格的污点被认为是由上帝因果地参与恶造成的，但又由于上帝不可能（由于本身）因果地参与恶的由来，所以上帝的品格没有污点。毫无疑问，当我们认真思索对圣洁问题的这一回应时，我们的 [xlviii]

51

脑海中立即就会浮现出大量的问题：为什么上帝不能以这样一种方式来"弥补"恶这种存在的缺失，并且为什么人类不能也摆脱恶，因为我们不可能比上帝更有能力造成缺失。这些问题都是由这些中世纪人物提出的，但我们在这里必须把它们放在一边。

莱布尼茨关心未发挥潜能者的问题和圣洁的问题，并且《论预定与恩典》中所作的评论也涉及这两个问题，这不足为怪。莱布尼茨对未发挥潜能者问题的回应就是完全否认存在这个问题。莱布尼茨辩称，由于这个世界是最好的可能世界，所以不存在未发挥潜能的情况（§39g，§39f，§40f，§41e）。人们可能会质疑莱布尼茨对"这是所有可能的世界中最好的"这一说法的信心。事实上，他对这一说法的信心似乎就建立在他之前对"存在一个全能的、全知的、道德上完满的存在者"的信心之上。

但即使莱布尼茨也知道这种神正论是不够的。即使有了这样一种解释，我们还需要进一步探讨上帝关于被造世界的存在的意志行为和由此产生的恶之间的关系的具体性质。这种进一步的需求的理由很简单。所有基督教的神正论者都敏锐地意识到了这样一个事实，即圣经不允许"作恶以成善"（《罗马书》第3章第8节）。因此，即使情况是，上帝选择创造一个包含恶的世界，而其中所包含的恶是获得某些无法以其他更好的方式获得的善的必要条件，上帝也不可能意愿带来这些恶，以获得其所带来的善。因此，上帝的意志仅就允许而言与它们相关。事实上，这也正是莱布尼茨所采取的方法："上帝在选择了最好的其中包含着恶的可能序列之后就预先知道了亚当的过失。然而，祂意愿这个序列中的善，祂也允许取决于这一序列的恶。"（§40f；另参见 §7e，§39b，§39f，§39h，§39i，§41a，§41b，§41f，§41i，§44b，§44c，§45a，§72b）

莱布尼茨对"允许"最详实的论述可以在他 1672—1673 年最早持续讨论恶的话题的《哲学家的告白》一文中找到。他在那里就"允许"给出了一种解释，我们可将其概括如下：

P 意愿 E，当且仅当：　　　　　　　　　　　　　　　　　[xlix]

①P 没有意愿 E；

②P 没有意愿非 E；

③P 通过意愿 S 出现，导致事态 S 出现；

④ 如果 S 出现，那么 E 出现；

⑤P 知道 ④；

⑥P 认为 S 的出现所带来的善大于 E 的出现所带来的恶。**30**

这种对允许的解释达到了莱布尼茨想要的目的，在上帝与恶之间提供了某种道德缓冲区，挡住了圣洁的问题。但更深入地研究莱布尼茨对允许的解释，我们就会明白为什么它与心理因果相容论格格不入。阿民念派和加尔文派（以及罗马教会那边的耶稣会士和多明我会士）之间争论的问题之一是那些与自由相关的反设事实（或，用当时的话来说，"有条件的未来偶然事物")的根据或使真者（truthmaker）。简而言之，这个问题就是这种命题的真值是否由神的意志决定。几乎所有人都同意，必然命题有其独立于任何关于神的意志或法令的事实的真理性。但是，关于偶然命题的真值，哲学上出现了重要的分歧。毫无疑问，许多偶然命题的真值是由神的法令决定的。这个世界是现实的世界，这一事实便是一个典型的例子。更有争议的是，这种形式的命题，即"如果彼得在环境 C 下，彼得就会自由地 f"，是否依赖于神的法令来判断其真伪。我们可以把那些其真值独立于神的法令而被确定的命题称作"意志前真理"，而把其余的称作"意志后真理"。

加尔文派和多明我会士都认为，所有这些有条件的未来偶然事物都有其意志后的真值。现在我们来看一个关于罪的标志性的例子：彼得否认基督。根据莱布尼茨对允许的解释，

⑦ 上帝没有意愿彼得否认基督［根据①］。

根据以上所述，如果莱布尼茨支持心理因果相容论，那么莱布尼茨就应该同样支持这一"意志后的"说法，

⑧ 上帝意愿"如果彼得在环境 C 下，那么彼得就会否认基督"。

此外，莱布尼茨似乎也认同这些说法：

⑨ 上帝意愿彼得存在； [1]

⑩ 上帝意愿 C 出现；

⑪ 上帝意愿彼得在环境 C 下存在。

然而，我们很难看出莱布尼茨如何能前后一致地坚持⑧、⑪ 和 ⑦，因为我们有理由认定 ⑧ 和 ⑪ 蕴涵着对 ⑦ 的否定。**31** 但莱布尼茨在这里应该放弃什么呢？如果他放弃 ⑦，那么他也就必须放弃他对允许的解释。放弃 ⑪ 似乎付出的代价太高，因为 ⑪ 似乎是任何关于神的创造的正统说法所必需的。**32** 如果莱布尼茨放弃 ⑧，那么他将不得不放弃意志后论。

我认为有一个很好的例子可以证明莱布尼茨在 17 世纪 80 年代中期看到了意志后论的这一困难并从那时起一直坚持意志前论的立场。**33** 只有在这个时期之后，我们才发现莱布尼茨用到了意志前论的语言，而且就是在《论预定与恩典》中发现的，莱布尼茨在这里将上帝描述成了"发现"**34** 受造物将如何在这个或那个世界上自由选择。**35**

这种意志前论的观点同样与莱布尼茨的"固有限制"的教义有着天然的亲和性，而后者是莱布尼茨在这里所支持的另一个立场，并且也是他在 17 世纪 80 年代中期之后所坚持的一种立场。莱布尼茨提出"固有限制"的观点，是为了解释这一点，即存在某种意志前的关于行动者的偶然事实，它们排除了创造无罪的行动者的可能（从而解释了为什么不存在既自由又无罪的被造物的世界）。**36** 其结果是，上帝在意愿某个世界（最好的世界）成为现实的同时，祂只是允许那些由祂产生、却并不是祂直接意愿的偶然事态。因此，关于固有限制，莱布尼茨说道："如果我在选择时依赖上帝，而且我的心灵也倾向于上帝自身做出的选择，我又怎么能说我自由地选择了某种东西呢？也就是说，如果上帝所确立的事物序列使得虚假的、但貌似合理的理由被我慎思的心灵观察到，迫使我做出选择……那么罪的原因［无论如何］不能归咎于上帝的意志，因为祂总是倾向于最完满的事物……恶的原因应该被归咎于非存在或缺失，即事物天生的限制或缺点，或者，同样也可以说，被归咎于［甚至］先于原罪的固有的不完满。"**37**

因此，17 世纪 80 年代中期之后，莱布尼茨关于恶的问题的观点，似乎与通常被归于他名下的心理因果相容论格格不入。此外，就像前面提到的那样，莱布尼茨对阿民念派神学的同情也与更符合加尔文派观点的相容论格格不入。**38**

[li]　　## 4. 结论

也许人们应该能够料想到，我们在《论预定与恩典》中所持的这类和平主义的教义，作为几十年来都找不到和解办法的各方试图达成和解的代价，充其量只能与某种不稳定的紧张局势共存。尽管如此，莱布尼茨在这里所证明的承诺似乎是合法的，并且与他一生所坚持的立场相一致。但这些观点的哲学含义却既重要又棘手。莱布尼茨在这本书中并没有在解决那些哲学上的矛盾方面取得很大进展。但是鉴于这个文献的性质，我们不应该指望他会取得很大进展。这个文献让我们对莱布尼茨神学的核心有了某种洞察，这种洞察创造并同时阐明了莱布尼茨世俗的哲学承诺的一些更令人困惑的特征。

除此之外，这里产生的矛盾应该会促使对莱布尼茨哲学感兴趣的学者们更仔细地研究他的神学观点，从而使我们对他的认识更全面。前此我一直试图表明，莱布尼茨的神学和哲学立场之间的联系很深，而且是双向的。而在更仔细地研究那些论述这些神学观点的文本之前，我们不太可能完全理解莱布尼茨提出的哲学立场。我希望，提供这个译本将成为理解其哲学立场的重要一环。

论预定与恩典

《英国国教教会三十九条信纲》第十七条 以及伯内特对《三十九条信纲》的评述

第十七条　论预定和拣选

预定得生是神的永恒目的，按此目的祂在创世以前用祂隐秘和恒常的筹算规定要救那些由祂在基督里从人类中所拣选出来的人，脱离咒诅刑罚，并借基督引导他们得永远的拯救，使他们归于自己，如同贵重的器皿。所以凡蒙神这样大恩的人，照着神旨，到了定规的时候，必蒙圣灵感召；他们因恩典而顺服召命；他们白白地得称为义；他们被接纳作神的义子；他们得以有祂独生子耶稣基督的形象；他们敬虔地行善，最后靠神的慈悲，得享永福。

凡心里受基督的灵感化，克制肉体情欲及其肢体，专心仰望天上之事的虔诚人，若恭恭敬敬默想那在基督里的预定，和

61

蒙拣选的道理，便满有甜蜜、美妙，和不可言喻的安慰，因为他们默想这道理，就大大坚固他们因基督得享永远拯救的信心，激发他们对神的爱心。凡好奇的、顺从情欲的、没有受基督的灵感化的人，若时常想念神的预定，就必对他们大有损害，因为魔鬼借此必使他们陷入灰心绝望中，或陷入极其败坏，危险无异于灰心绝望的不洁生活中。

再者，圣经上传述神的应许通常是怎样，我们就应当怎样听信，并且我们所行所为，都当遵奉圣经所指示的神旨而行。

§1 在其他信条中有许多东西都依赖于这一条；因此，我将对其进行更加充分的解释：因为它带来了神学问题中最悠久、最微妙、实际上也最复杂的问题，所以我们有必要像它的重要性和艰巨性所要求的那样彻底地揭开它，审查它。**ᵃ** 在处理这个问题时，

第一步，我将阐明这个问题及其所产生的后果。

[4] 第二步，我将就这个问题所产生的分歧给出一种解释性说明。

第三步，我将尽可能公正和准确地阐明争执各方的观点的力量。

第四步，我将说明各方观点在多大程度上是一致的，在多大程度上是不同的；并将说明有什么理由可以使各方容忍彼此的观点。

第五步，也是最后一步，我要考虑的是，我们教会在多大

程度上是由这一信条决定的，以及我们在多大程度上可以自由地遵从这些不同的观点。

§2 所有的争论可以归结为这一点，即它的源头：上帝借什么风声，使他的旨意和法令降临人间呢？祂这样做是否 ^a 仅仅是为了提升祂自己的荣耀，为了显现祂自身的属性，以便确立祂整个伟大而普遍的创造和眷护计划？或者说，祂是否考虑了祂意欲创造的那些理性行动者所有的自由活动，并根据祂所预见的他们在祂可能给他们安排的各种不同环境下的选择和行为，形成了祂的法令？争论就此开始。如果这个问题被解决了， ^b 那么由此产生的三个主要问题也将很快得到解决。

§3 第一个问题 ^a 是，上帝和基督是否都有意让基督只为上帝有意拯救的那一部分人而死？或者是有意让他替所有人而死，以便让凡愿意的人都可以从他的死得到恩惠，并且没有一个人被拒之门外，或者即使有人被拒之门外，那也是因他自愿弃绝这恩惠的。

§4 第二个问题是，上帝给予人们的那些帮助，是否就其本性而言如此有效和不可抗拒， ^a 以至于它们总能产生它们被赋予的效果？还是仅仅能叫人顺服上帝，所以它们的效力来自那种随其意愿而可能与它们合作、也可能不与它们合作的意志的自由？

§5 第三个问题是，这些被给予这种恩典的人是否会并且一定会坚守下去？或者，他们是否会最终完全脱离那种状态？ ^a

§6 还有一些其他问题，比如，关于真正的自由概念的问题，关于我们的力量在这种背弃状态下是多么虚弱无力的问题，以及若干次要的问题；所有这些问题要想得到解决，第一个问题，也即主要问题，必须先得到解决；**ᵃ** 而关于这个问题，有四种观点。

[5]   §7 第一种观点是通常被称作堕落前预定论者的那些人的观点，他们认为，上帝在祂所作的一切中只考虑自身的荣耀；**ᵃ** 凡所作的，都是出于它的第一因，出于上帝的法令；**ᵇ** 在这一法令中，上帝只考虑自己荣耀的显现，要造世界，把人类安置其中，使他们在亚当以下，让亚当作他们的泉源，作他们的头；祂定了亚当的罪、**ᶜ** 他的子孙后代的背弃、基督的死，并定了那些最应该为了祂荣耀的人得拯救或受诅咒 **ᶜ**；对于那些要得救的人，祂下令给予有效的帮助，**ᵈ** 使他们得救；对于那些祂拒绝的人，祂下令给予他们那些只能使其不可宽恕的帮助和手段 **ᵉ**；所有人都会继续处在蒙恩或有罪的状态，**ᶠ** 并根据第一法令，将被拯救或被诅咒；所以，上帝只考虑祂自己，**ᵍ** 而在这种考虑之下，祂设计一切事物都是为了祂自己的荣耀，为了祂自己的属性的显现。

§8 第二种观点 **ᵃ** 是所谓的堕落后预定论者的那些人的观点，他们声称，亚当自愿犯了罪，他的罪却要归到他子孙后代的头上，**ᵇ** 上帝确实以怜悯的眼光看待这样失落的人类；祂既要救许多人脱离这种失落状态，**ᶜ** 就命祂的儿子替他们死，为他们而接受祂儿子的死，并给他们帮助，使他们归回祂，并坚守到底；但对其余人，祂并没有为他们采取任何积极的行为，[d]而只是让他们处于这种背弃的状态，无意[e]让他们从基督的死得到恩惠，或得到有效的、恒久的帮助。

§9 第三种观点是[a]所谓的抗辩派、阿民念派或普救派的那些人的观点，他们认为，[b]上帝有意让所有的人自由，并根据他们如何使用自己的自由来对待他们；[c]因此，祂预见到[d]每个人都将如何使用自由之后，便在此之上，定了一切与他们今生有关的事，以及他们在来世得拯救或被诅咒；基督为所有的人而死；[e]每个人都得到了充分的帮助，但每个人都可以选择[f]是否要使用它们，是否要坚守它们。

§10 第四种观点是索齐尼派[a]的观点，他们否认对未来偶然事物有某种先见；因此，他们认为上帝的法令永远只是一般的，比如，信而守福音的必得拯救，在罪中生而死的必受诅咒，但对于特定的人，没有只是根据他们所处的状态而及时制定出来的特别法令；他们还认为人天生自由而完整，不需要内在的恩典；所以他们否认一种来自永恒的特殊的预定，也否认内在的帮助。 [6]

§11 这是一个由自然宗教[a]引起的争论，因为如果我们相信上帝统治世界，人的意志是自由的，那么我们自然就会问，这两者中哪一个服从另一个，或者它们如何能够同时保持？上帝是否决定人的意志？还是天意遵循人的意志的活动？[b]因此，所有相信天意的人都意识到了这一困难。斯多葛派把一切都置于命运之下，[c]即使是神本身；如果这一命运是事物的必然序列，**d** 是固定不变的 **(f)** 物质和运动的链条 **e**，那么这就是纯粹的无神论。伊壁鸠鲁派认为一切都是自由的，他们要么认为不存在上帝，要么至少认为不存在天意。哲学家们不知道如何摆脱这一困境，我们看到，图利（Tully）和其他人对这一困境的看法如此不同，所以很明显，他们已经对摆脱它感到绝望。犹太人也有同样的问题，因为他们不承认天意，就不能相信他们的律法；而他们中的撒都该人以一种完全的方式主张自由，使之摆脱了一切束缚；另一方面，爱色尼人把一切都置于绝对命运之下；法利赛人则取中间道路，他们主张意志自由，但认为一切都受天意的支配。**g** 在伊斯兰教信徒中也有关于这个问题的微妙争论，在他们中间，普遍存在着主张自由的一派和主张命运的另一派。**h**

§12 在基督教的早期，诺斯替派认为，人的灵魂有不同的等级，**a** 它们来自不同的原则，或说，来自不同的创造它们的神。有的是属血气的，必堕入地狱；有的是属灵的，肯定蒙拯救；另一些则处在中间等级，是属肉体的，它们既能快乐，也能痛苦。马吉安派和摩尼派似乎认为，有些灵魂是恶神创造的，有些灵魂则是善神创造的。与所有这些观点相反，奥利金断言，所有的灵魂在本性上都可以是善的，也可以是恶的；**b** 人与人之间的差别仅仅源于意志自由以及对那种自由的不同运用；上帝给了人这种自由，并根据对它的运用来奖赏和惩罚他们。**c** 然而，他却断言有一种天意，但是，正如他把柏拉图式的前世学说引入了对世界的治理，以及他解释说，上帝在他们

还没有出生、未行善恶之前，就爱雅各，恨以扫，就因他们从
前所行的事，所以，他断言，人在亚当那里堕落，又借着恩典
得蒙拯救，但他在意志中仍然保持着不受限制的自由。虽然他
的学说在埃及遭人憎恨，但在东方，尤其在巴勒斯坦和安提阿
却被普遍遵从。纳西盎的圣格里高利（St. Gregory Nazianzen）
和圣巴西尔（St. Basil）从他的作品中引出了一个神学体系，
在该体系中，与意志自由相关的内容得到了充分阐述：那本书
在东方得到了广泛的研究。金口圣若望（Chrysostom）、达米
埃塔的依西多禄（Isidore of Damiete）、狄奥多勒（Theodoret），
以及他们所有的追随者，对其进行了充分教授，以至于它成为
东正教公认的教义。哲罗姆（Jerome）非常喜欢奥利金，以致
他翻译了他的某些部分之后，又翻译了剩下的部分。但是，由
于他与巴勒斯坦的主教们发生了激烈的争吵，这也许使他改变
了他对奥利金的看法，从此以后，他便极力贬低奥利金的教
义；在翻译他的作品上，他对鲁芬（Ruffin）非常严厉，不过
鲁芬承认，在翻译他的作品时，他非常随意地修改了几段他不
喜欢的文字。奥利金有一个门徒，他叫伯拉纠，是一位英国僧
侣，他渊博的学识和严谨的生活使他在罗马备受尊重。他比希
腊教会更进一步发扬了这些教义，以致金口圣若望和依西多
禄（正如詹森所指出的那样，他们只是另外同名的人，尽管其
他人否认了这一点）都认为他犯了极大的错误。他否认我们因
亚当的堕落而受到了伤害，也否认我们需要内在的帮助；他主
张意志完全自由。圣奥斯定虽然在与摩尼教的争论中说过许多

[7]

67

支持自由的话，但他痛恨伯拉纠的教义，认为那是亵渎自由的教义，他决心亲自推翻伯拉纠这些曾遭到哲罗姆无力攻击的信条。卡西安是金口圣若望的一个门徒，大概是在他的主人被驱逐出君士坦丁堡的时候，他离开了那里，来到了马赛。他教导一种中间教义，该教义认为，有一种内在的恩典，但它受制于意志自由 **d**；一切都按照上帝的先见而被命定和完成，而在上帝的先见中，一切未来偶然事物都被预见到了。他还教导说，灵魂第一次归回上帝仅仅是其自由选择的结果；所以凡是阻拦恩典的，都被祂拒绝了。这就是那些后来被称作半伯拉纠派的人的独特之处。普罗斯普（Prosper）和希拉流（Hilary）向圣奥斯定解释了这一体系，奥斯定据此对其提出了反对意见，他的意见得到了普罗斯普、傅箴修（Fulgentius）、奥罗修（Orosius）以及其他人的辩护，就像卡西安的意见得到了福斯图斯（Faustus）、文森略（Vincentius）和根拿丢（Gennadius）的辩护一样。总的来说，圣奥斯定的观点确实在西方普遍盛行，伯拉纠似乎只有回到自己的祖国英国后，才有一些追随者。但吉曼努斯（Germanus）和卢普斯（Lupus），一次又一次地被从法国派来，据说已经完全征服了这些追随者，使其摆脱了这些错误；不管他们通过争论做了什么，那些撰写他们的传奇故事的作家们都小心翼翼地用许多非常绝妙的奇迹来装饰他们的使命，比如，把一个牛犊所有的碎片——有些都已经被加工好了——都收集起来，将其放入牛皮里，使其恢复生命，这根本就算不得什么。罗马帝国的崩溃，以及西部各个行省落

[8]

入它们新的野蛮的主人之手所造成的混乱，在那个时代造成了学问的大衰退。所以从那以后，很少有声名显赫的作家，圣奥斯定非凡的劳作和虔诚，以及他留下的卷帙浩繁的著作，使他名声大噪，以至于很少有人敢于就他如此热情而又如此充分地辩护过的东西提出异议。^e 虽然切莱斯廷（Celestine）很可能并不满意他的教义；然而，切莱斯廷和罗马其他主教，以及许多行省的宗教会议，都经常宣称他在这些方面的教义就是教会的教义，所以教会的那些人很难摆脱它。

§13 圣奥斯定与堕落后预定论者 ^a 之间主要的区别，实际上也是唯一实质的区别在于，他认为在圣洗圣事中有一种内在的重生，因而对**重生者**与**预定者**做了区分，这些堕落后预定论者没有做出这样的区分；他认为这样重生的人，除了**永蒙保守**之外，还可以拥有所有的恩典，但他认为，他们既然不是被预定的，就一定会自那种状态跌落，失去重生的恩典。其他的区别只不过是为了体现他和加尔文派的不同原则而被迫给出的。他认为，得胜的喜乐——他把恩典的效力放入了其中——是不可抗拒的，尽管他没有像加尔文派那样用一个强有力的词来形容它；就像这些加尔文派所认为的那样，他认为，这个法令是绝对的，不考虑自由意志的选择。因此，在主要的观点上，比如，在法令的绝对性、基督之死的普救性、^b 恩典的效力以及永蒙保守的确定性上，他们的意见是相同的，尽管他们的表达方式常常不同。即使圣奥斯定及其著作声名远播，但在随后的时代里，没有哪本书比卡西安的《对谈录》更受欢迎。

在《对谈录》中，有一种清晰的理智，一股强烈的虔诚贯穿其中；专心阅读它们被认为是僧侣形成思想的最好方式。因此，对那些阅读它们的人来说，它们仍然保留了希腊教会教义的印记。

§14 这在9世纪爆发了，当时一个叫高查克（Godescalcus）[a]的僧侣完全被因克马尔（Hincmar）和兰斯教会所利用，就因为他坚持圣奥斯定的某些教义，而斯科特斯·埃里金纳（Scotus Erigena）撰文反对那些教义，伯特伦（Bertram）——或者叫拉特兰姆（Ratramne）——则撰文支持那些教义。里昂主教雷米吉乌斯（Remigius）和他的教会，都极力主张圣奥斯定的教义，不可能不与斯科特斯形成尖锐的对峙。在这之后，直到神学院获得了极大的荣誉，托马斯·阿奎那被认为是多明我会最高的荣耀之后，这件事才平息下来。阿奎那不仅支持圣奥斯定的所有教义，而且还做了补充。以前人们普遍认为，天意的确涉及一切事物，但他认为，[b]这是由上帝直接协助每一个思想、活动、运动或样式的产生来完成的，所以上帝是一切所行之事的第一因和直接因。为了解释上帝作为第一因和受造物作为第二因共同产生一切事物，他认为（至少他的追随者是这样理解他的），上帝通过物理注入，预先决定了一切事物（不管是好的，还是坏的）的意志，[c]因此，意志在这种特殊的情况下，"在复合的意义上"（in sensu composito），不能被认为是自由的，[d]尽管它在所有的行动中，"在分开的意义上"（in senso diviso），大体上仍然是自由的。这是一种如此神圣的区

[9]

别，在他们中间被如此广泛地使用，以致我只好用他们自己的术语来给出它们，而不是翻译它们。为了避免使上帝成为罪的始作俑者这一后果，他们对实有的罪行（不能被说成"作恶"）和不符合上帝律法的行为（作为一种否定，并不实有，所以它不是被创造出来的）进行了区分。**e** 因此，虽然行为是由作为第一因的上帝和作为第二因的受造物共同产生的，但上帝没有罪，只有受造物有罪。这一教义在多明我会士中间流传了下来，一直延续到今天。身为方济各会士的司各脱（Scotus）否认这种预定，主张意志自由。杜兰德（Durandus）否认了这种直接参与（immediate concourse），不过在这方面，除了阿多拉（Adola）**f** 和其他几个人之外，他没有多少追随者。

§15 当路德开始形成他自己的观点时，他清楚地看到，没有什么比圣奥斯定的观点更明显地破坏功德和因行称义的教义的。路德还在他的著作中发现了反对罗马教会大多数腐败现象的非常明确的凭据。由于路德属于一个以圣奥斯定的名字命名的修会，因此习惯于阅读和崇敬他的作品，所以，即使路德不严加审查就信奉他的所有观点，也不足为怪。大多数罗马教会的人都反对他，因为他们有着不同的信仰，**a** 任何一个读过那个时代的书的人都会认为圣奥斯定的教义被罗马教会抛弃了。所以，当迈克尔·贝厄斯（Michael Baius）以及鲁汶的其他一些人开始重提它时，这件事竟成了丑闻，他们在罗马遭到了谴责。然而在特伦托会议上，多明我会士受到了极大的信任，**b** 所以他们起草法令时非常小心，以避免对那种教义 [10]

71

进行任何反思。整个耶稣会一开始都接受了它，^c 所以贝拉明（Bellarmine）在它的基础上形成了自己的观点，并且一直拥护它。但不久之后，耶稣会就改变了他们的想法，让他们整个教派在这些问题上得到了充分的自由，并且很快就转向了另一个假说，而这一假说不同于半伯拉纠派假说的地方仅在于，他们允许一种预设恩典（preventing grace），但这种恩典受制于意志的自由。

§16 莫利纳和丰塞卡发明了一种解释上帝预见未来偶然事物的新方法，他们称之为**中间知识**；他们借此教导说，正如上帝在祂**单纯理解**（simple apprehension）的知识中看到一切可能的事物，一切未来必定存在的事物都在祂直观的知识中；所以通过这种知识，^a 祂还看到了一切有条件的未来事物的链条，以及它们之间的所有联系，也就是说，在这样或那样的条件下发生的一切。由于有人对耶稣会所取得的进步极其嫉妒，于是就用这些观点来压制他们，所以在罗马，他们被指责说背离了圣奥斯定的教义，而圣奥斯定的教义在这些方面通常被认为是拉丁教会的教义。在教皇克雷芒八世（pope Clement the Eighth）和枢机主教上位之前，罗马举行了多次会议，争论的重点主要是，罗马教会的教义和传统是什么？圣奥斯定的追随者们所拥有的优势如此之大，以致在公正的审判者面前，他们一定会战胜对方。教皇克雷芒已经下定了决心；但他死了，虽然教皇保罗五世也有同样的意图，可他碰巧与威尼斯人就教会豁免权问题发生了争执，并将威尼斯共和国置于**禁令**之下，那

里的耶稣会士宁愿被流放，也不愿打破**禁令**。在大多数其他修
会都放弃教皇的权威的时候，他们如此坚定地持守权威在罗马
被认为是非常值得称赞的，以至于他们没有受到指责。因此，
罗马没有做出判决，而是命令各方保持沉默，不要再为这些问
题争吵了。**b**

§17 大约 40 年后，詹森（Jansenius）这位鲁汶大学的权
威神学家，作为圣奥斯定的狂热信徒，在看到相反的教义所取
得的进展之后，以极大的勤奋和相当的忠诚，出版了一本关于
圣奥斯定教义的大部头著作，该著作涉及争论的各个分支。**a**
他在作品中以非常诙谐的文字阐述了伯拉纠派和半伯拉纠派；
而他并不满足于此，他还对近代改革者的教义与他们的教义进
行了比较。这本书受到了他的整个教派的欢迎，因为它对这场
争论做出了裁决。但是，作者以非凡的力量写了一本反对法
国人对佛兰德斯施压的小册子，**b** 这使他很受西班牙宫廷的欢
迎，因此他被任命为西班牙宫廷的主教。所有在法国追随圣奥
斯定教义并赞扬这本书的人，都被他们的敌人认为是与他利益
一致的人，因此也就与法国的盛世伟业为敌。所以法国宫廷起
诉了他的整个教派。这本书在罗马起初只被禁止，因为它违背
了教皇所要求的保持沉默；后来罗马从这本书中挑出了一些信
条加以谴责，并且要求法国所有神职人员对其进行谴责。这些
信条肯定来自他那本书，**c** 并且是他所主要意指的圣奥斯定教
义的明显推论；不过罗马仍然宣布不采取任何有损于圣奥斯定
教义的行动。**d** 他的教派借此指出，这些信条有两种意思，一

[11]

种勉强算作异端的，另一种是清楚的，所以根据圣奥斯定的教义，可以推知，它们不是在第二种意思上，而是在另一种意思上，受到了罗马的谴责，**e** 并因此被其定了罪。但他们后来却又说，从罗马所谴责的那种意思来讲，它们并不是来自詹森的那本书。

§18 在这之后，又出现了一个关于教皇在事实问题上是否永无谬误的极其耸人听闻的问题：在教皇把它们当作詹森的意见加以谴责之后，一方的人指出，对教皇永无谬误的信仰迫使他们不得不得出结论说，它们一定来自詹森的那本书；但另一方的人则借由伟大的真理断言，我们决不能认为教皇或宗教会议在事实问题上是永无谬误的。最后，在这些问题上的敌对状态又一次找到了解决的办法；**a** 然而仇恨却仍在继续，战争仍在进行，**b** 尽管比以前更加隐蔽和间接了。

§19 在这些问题上，宗教改革派并不比罗马教会更一致。路德就像他一开始时那样，毫不掩饰地坚持了很长一段时间，尽管各方都假装自己维护**意志自由**，他却坦率地说，意志不是**自由的，而是受奴役的**。但在他死之前，据说他改变了想法，因为虽然他从来都没有承认过这一点，但一直以来与他持相同观点的梅兰希顿却自愿地收回了这一说法，而他却从未因此受到路德的指责。从那时起，所有的路德教徒都是如此彻底地、如此热切地接受半伯拉纠派的观点，以致他们既不容忍任何其他派别，也不与其交流。**a** 加尔文不仅讲授圣奥斯定的教义，而且似乎还走上了堕落前预定论者的道路；堕落前预定论得到

[12]

74

了伯撒更加公开的讲授，并且被宗教改革派普遍信奉；只是堕落前预定论与堕落后预定论之间的区别从来都没有人给出定论；所有加尔文宗的教士们在这一点上都是自由的。**b**

§20 在英国，最初的宗教改革者一般都信奉堕落后预定论的假说。但珀金斯(Perkins)和其他人却主张堕落前预定论，莱顿的一位教授阿民念便对其进行了抨击，戈马尔（Gomarus）就此与阿民念发生了多次争执。这些观点在联省共和国引起了极大的骚动。与此同时，另一个引起意见分歧的政治问题，是应该与西班牙继续开战，还是应该考虑和平或休战的提议？恰好阿民念的追随者都主张和平，而其他人则普遍主张继续开战；发动战争的奥兰治亲王加入了后者。然而，阿民念派被描绘成了其意见和情感都倾向于天主教会。所以这种教义观点的区别就变成了教派的区别，分歧也由此被激化了。一场盛大的宗教会议在多特举行；当地教会和其他教会的教士们纷纷被派往多特。阿民念派的教义受到了谴责，**a** 但堕落前预定论者与堕落后预定论者之间的争执却没有被干涉。当地教会的教士们，虽然在提出他们自己的意见方面很温和，但主要还是拥护圣奥斯定的教义。所以，在荷兰，裂痕就这样形成了，但是当国家问题不再与之掺和在一起时，这些问题就不再那么棘手了。

§21 这些争论很快就跨越了大海，修道院院长们拥护圣奥斯定教义，而主教奥瓦尔（Overal），但主要是大主教劳德，则拥护阿民念派的信条。**a** 所有的教士们都被要求不得在这些问题上说教。但那些赞成新观点的人受到了鼓励，而其他人则感到沮丧。当时发生了关于法律以外的王室特权范围的不愉快的争论，阿民念派宣称他们强烈支持王室特权，他们在宫廷中备受青睐，但在议会中却备受谴责，这使得那种教义在全国范围内受到了严峻的考验。

§22 特维斯（Twisse）把它提到了堕落前预定论的假说的高度，而这一假说后来逐渐被他那一方的人所遵循。但它听起来很刺耳；霍布斯 **a** 后来把一种命运和绝对必然性嫁接到了它上面，其他的观点又再次复活了；所有对它们的偏见都消失了，政治利益也不再与它们掺和在一起，所以它们得到了更平静的讨论，也比以前更容易被普遍接受了。人们现在可以自由地表达自己的意见，所有针对那些问题的愤怒现在都被如此愉快地熄灭了，以至于关于它们的各种观点不会引起疏远，也不会招致敌意。

[13]

§23 截至目前，我对这场争论的历史进行了简短的回顾。现在我要来揭开不同教派主要的根据，首先要揭开堕落前预定论者的根据。

§24 他们以这一点为根基，即上帝在祂一切的行为上，本质上是完满的，是独立的，所以祂除了祂自身和祂自己的荣耀以外，别无所求；**a** 因此，祂在自身中、为自身设计了一切；让祂中止祂的法令，直到祂看到自由的受造物会做什么，就是让祂依靠他们来颁布法令，**b** 这似乎达不到无限完满；祂自身可以是祂的筹算的唯一目的；因此，祂可以只考虑祂自身的属性和完满的显现；无限的智慧的设计必定从其设计的最后一步开始；[c] 既然万物在最后一天的结局将是 [d] 上帝的智慧、良善和正义的显现，我们就应该认定，尽管按照时间顺序，上帝里面既没有第一个事物，也没有第二个事物，这应该是来自永恒的，但上帝还是按照事物的顺序设计了第一个事物。在这个伟大的设计被完成后，所有达到目的的手段紧接着也将被设计出来。受造物在上帝面前好像虚无，而用一种强有力的修辞的说法，也可以被说成不及虚无，乃为虚空。[e] 如果我们在我们的设计中没有考虑到蚂蚁或昆虫，更遑论稻草或沙粒和尘土，[f] 那么，无论我们的骄傲向我们暗示什么崇高的思想，我们在上帝面前都必须承认自己是非常贫乏和无足轻重的受造物；[g] 因此，只有祂自身和祂自己的荣耀才能成为祂在一切祂所意欲之事或所行之事中的目的。[h]

§25 这是他们的教义的主要依据，[a] 因此应该得到充分的考虑。他们还补充说，不可能对未来偶然事物有确定的先见。他们认为，不确定存在的事物，应该被确定地预见到，这是矛盾的；[b] 因为如果它们被确定地预见到了，它们就应该确定地存在：虽然它们被认为是偶然的，但因为说它们被确定地预见到，所以它们仍然被认定是确定的。当上帝下令任一事物应该存在时，它从那时便有了某种未来性，[c] 因此它被上帝确定地预见到：所有不确定的预见都是本质上不完满的行为，因为它可能是错误的，因此与神的完满性不一致。如果说一件事是自由发生的，也就是说，可能存在，也可能不存在，[d] 但它被上帝确定地预见到，这似乎自相矛盾。上帝不能强迫事物发生，而是命定它们，并因此给予它们一种未来性，因此先于祂的法令的这种先见必须被拒绝，因为那是不可能的。**e**

[14]　　§26 他们还说，有条件的法令在本质上是不完满的，**a** 它们使得上帝的意志和行为受制于受造物：**b** 有条件的法令是一种悬而未决的东西，不管它是否会发生，而这与无限的完满是不一致的。一种普遍的意志，或更确切地说，一种希望所有人都应得救的意愿，也有明显不完满的特征：**c** 就好像上帝渴求某种祂不可能完成之事，这样祂的良善就会显得比祂的能力更大。**d** 无限完满除了它所能完成的，别无所求 **e**；如果某种东西适合去渴求，**f** 那么它也就适合去完成。因此，所有将激情或情感归于上帝的行文都必须被当成一种修辞来理解；**g** 这样当天意发挥作用，使我们这些人的行为成为这些激情的结果时，那么这些激情本身，用圣经的话来说，就归于上帝。他们说，我们不应该用我们的正义观念来衡量对罪的惩罚：**h** 上帝叫好些好人受苦，并且叫他们今世受苦许多年，这只不过是要显示祂自己的荣耀，叫他们的信仰和耐心都发光；**i** 然而，没有人认为这是不公正的。这是使上帝在他们身上得荣耀的方法：有些罪要受其他罪的惩罚，也要受那些大苦难的惩罚。如果我们将其从暂时转移到永恒，整个就会更容易理解；因为，如果上帝可能会暂时做一件与我们的观念和我们的正义规则 **k** 不一致的事，那么祂就有可能在更长的时间内做这件事；祂既不可能一天不公正，也不可能永远不公正。

§27 上帝凡事都是为祂自身和祂自己的荣耀，所以圣经教导我们凡事要将一切的颂扬和荣耀归给上帝；要承认一切都是祂的，在祂面前要谦卑，如同一无所有。[a] 我们被拣选，若不是因祂的自由行动，[b] 而是因祂预见到我们会成为什么样的人，以致祂的恩典就不是因自身的力量而有效，而是因我们善用恩典而有效，那么我们所作的一切善事以及上帝对我们所定的旨意所得的荣耀和颂扬就都是出于我们了。[c] 据另一种教义所说，祂对所有人一视同仁；他们之间所有的差异，将既不是来自上帝对他们的旨意，也不是来自祂的帮助，而是来自祂所预见到的他们对祂将给予全人类的这些恩惠的善用：[d] 人应该因此享有荣耀，他可能会说，是他自己使自己不同于别人的。圣经把一切善的事物都归于上帝，并要求我们把所有的荣耀都献给祂，它的整个笔调似乎都非常明确地赞成这种教义；因为如果我们所有的善都来自上帝，并且格外蒙祂恩典，[e] 那么好人也就从上帝那里得到了坏人没有的东西，对此他们应该颂扬 [15] 祂。[f] 所有在圣经中使用或以使用为指向的祷文都是这样写的：祈求恩典能打开我们的眼睛，转我们的心，使我们勇往直前，不使我们陷入诱惑，救我们脱离恶。所有这些话都清楚地表明，我们所欲求的不仅仅是一种给予所有人的行动的力量或能力，一种虽然我们得到了、但对我们来说却仍然无效的行动的力量或能力。[g] 因为祈求那种人人都能够得到的帮助，那种能使他们全部的善完全依靠自己的帮助，[h] 这听起来很奇怪；其实，我们祈求的是那种特殊的、我们希望能产生效果的帮助。

我们没有也不能为这样的事而恳切地祈求，即就像我们每时每刻都知道我们自己那样，我们每时每刻都知道所有的人。

§28 祷告时谦恭和真诚似乎是在我们内心塑造基督的形象并使我们得到天国所有祝福的主要方法之一。那种抨击谦恭和真诚的教义，那种用这样一种观点——即一切都是出于我们自己，ᵃ 我们从上帝那里所领受的，无非是祂赐给与我们无别的世人的——使我们膨胀的教义，当然既违背圣灵，也违背福音的设计。

§29 他们又加入了上帝的观察。这个世界被交给崇拜偶像的人，已经很多世纪了；自基督教出现以来，我们看到大量的国家仍在继续崇拜偶像——其他国家则都倒在了伊斯兰教的脚下；东方的基督教世界是如此的无知，西方的大部分又是如此的腐化，以至于我们必须承认，人类最大的部分都被剥夺了恩典管道，因此，向某些民族传播福音，拒绝向其他民族传播福音，就必须归因于过去一直在寻找的那无法探知的上帝的道。如果祂因此将所有的民族都置于这样的无知与腐化之中，并自由地选择其他的东西来将祂自己的知识传达给它们，那么我们就不必怀疑祂是否应该对个体采取与祂对全体所采取的同样的方法。因为这么多世纪以来全盘拒斥所有民族，比拣选少数几个民族，而任由其他民族处于无知和野蛮的状态，要难以解释得多。不管怎么说，祂对少数那些善用他们所拥有的微光的人伸出了怜悯之手；然而，不容否认的是，他们的处境要悲惨得多，其他人的处境则更给人以希望；所以许多人都生于他

们从道德上讲不可能不在其中毁灭的如此这般的环境；而其他人的处境则更幸福，也更开明。^a

§30 当我们考虑使徒所说的话，特别是在《罗马书》和《以弗所书》中，甚至是根据另一方的人所作的阐述，我们从通常的观察得出的这个论点也会变得更加有力：因为，若上帝爱雅各，好拣选他的后裔作祂的子民，又弃绝或恨恶以扫和他的后裔，并且这是照他拣选的旨意所定的；若外邦人出于同样的旨意被嫁接在那犹太人要从其上剪除的砧木上；若以弗所人格外显出神的筹算和旨意，虽然他们在巫术、拜偶像、行邪淫上，原是东方人中最败坏的；那么很明显，运用恩典管道，不过是出于一个长久隐藏在上帝里面的、后来才展开的伟大计划。^(a)我们有理由相信，对管道的运用和与目的有关的法令本身相配称。凡是已经决定接受上帝无尽丰富的恩典的，便被宣告为自由的和绝对的。^b 上帝之所以选择犹太人，如此区别于其他民族，是因为摩西和先知们经常说，不要为了自己，也不要为了上帝在他们身上看到的任何东西，而仅仅是为了上帝对他们的善意。^c 从这一切来看，他们有理由相信，其他民族也是自由的，^d 正如我们的救主所说："父啊，天地的主，我感谢你！因为你将这些事向聪明通达人就藏起来，向婴孩就显出来。"个中缘由用接下来的话说便是，"是的，父，因为这在你看来是善的"。^e 先前在推罗、西顿、所多玛地所行的事本可以使那里的人比他所住的加利利城邑的人更好地利用他的布道，这证实了恩典管道并没有赐予那些被预见到会善用它们的人，或拒

[16]

绝 ^f 给那些被预见到会滥用它们的人；我们救主的那些话清楚表明与此相反。我们可以进一步看出，他在这里所说的并不是不同的民族，而是同一民族的不同类型的人：有学问的犹太人，有智慧和精明的人，拒绝他，而那些更单纯但却更善良的人，**^g 天真幼稚的人**，接纳他：所以，个人之间的差异在这里似乎就变成了**上帝的美意**。**^h**

§31 他们进一步主张，既然另一方的人也承认，上帝通过祂的先见，预见到了什么样的环境对坏人是有利的，什么样的帮助对坏人是有效的；那么祂不把他们放在那样的环境中，只给他们那些不管其对他人多么有效、但祂看到对他们却无效的帮助，与祂把他们放在那样的环境中并给他们那些祂预见到他们将会对其进行滥用的帮助，即使看上去可以阐明上帝的正义，却仍然不能阐明祂无限的圣洁和良善；这些完满性根据其概念必定永远促使祂去做一切可以做的事，并且以最有效的方式，把其余的人从痛苦中解救出来，使他们真正成为好人，使他们幸福。因此，按照另一种观点，这并不总是可以做到的，因为很明显，上帝的道的深处是我们所无法探知的。**^a** 因此，我们必定得出这样的结论：既然并不是所有人实际上都是善的，也不是所有人都要得救，所以上帝并没有意欲这样做；因为"又有谁敢抗拒祂的意志？**^b** 耶和华的筹算永远立定，祂心中的思念万代常存"。从某种角度来看，祂的律法的确是祂的意志：祂要求所有人遵守它们，并责成所有的人践行它们。祂希望所有人都得救的所有表达，都用启示的意志来解释，即通

[17]

常所谓的**祂的意志的预兆。**^c 当有人说，**祂还有什么可做的呢？**这是指外在的恩典管道和赐福：^d 然而，上帝还有一种神秘的**喜悦的**意志，而祂就是用这种意志来设计万物的；而这永远不能被挫败。

§32 他们还由此得出了这样的结论：虽然基督的死是要献给所有基督徒的，但他却有意和实际上只为那些天父所拣选并赐给他要借着他得救的人而死。他们不认为基督会**白死**，圣保罗认为这样死去的话就太荒谬了。^a 因为他若为所有人而死，那么就那不能借着他而得救的人类中更广大的部分而言，他就是白死；他们由此得出结论说，所有那些他为其而死的人都必因他得救。^b 也许就某些通过他传达——即使不是传达给全人类，也是传达给所有的基督徒——的低一级的赐福而论，他可以说是为所有人而死；但就永恒救恩而言，他们相信他的计划不过是出于上帝神秘的旨意和拣选而已，他们认为这一点就隐含在下面这句话里，"我父从世上赐给我的人，……他们本是你的，你将他们赐给我"。他也只代那些人祈求；"我为他们祈求，不为世人祈求，却为你所赐给我的人祈求，因他们本是你的。"^c 他们相信他也只代那些人去死，也只代那些人向神献祭。

§33 的确，在这一点上，基督教和犹太教是有区别的，因为犹太教被限制在了亚伯拉罕的后裔中，被限制在了一个种族和民族中，基督教则传福音给**万民**；关于基督的死，我们使用的是普救的话语：但是，"传福音给万民"，给"普天下"， [18]

这些话语还不能以其最大的限度来理解，因为它们从来没有被证实过；[a] 因为据我们所看到的，福音还没有传给普天之下的每一个民族；而我们所看到的，也只是就这个使命向不止一个或更多个民族做了一般性的解释；任何一个民族都没有被排除在福音之外。使徒们要在各城之间传福音，就像他们被圣灵感动、在内心领受福音一样。所以他们认为，那些适用于基督之死的宏大话语应该以同样有限定的方式来理解；没有哪一个民族或哪一种人是被排除在福音之外的，无论什么种类的人，其中总有得救的。[b] 这里不能再往下说了，否则就会对上帝的正义产生非难。因为祂若为普天下的罪领受了足够的献祭和抵偿[c]，那么，并不是所有人都应该因福音而得救，或至少并不是所有人都应该得到福音给他们的恩赐和启示，以致他们无论是否愿意接受，都有可能受到审判，这与正义是不可调和的。[d]

§34 **上帝的恩典**在圣经中借着这些明确体现其效力的修辞和表述得到了阐明；它并不依赖于是否乐意去使用它。[a] 它被说成是一种创造，"我们为行善而被造，成为新造的"。这被称作重生，或**新生**；这被称作赋予生命和复活；因为我们以前的状态被比作虚弱、失明和死亡。上帝被认为"在我们里面工作，使我们既能意愿，也能行动。在祂掌权的日子，祂的民必乐意。祂要将祂的律法写在他们心里，叫他们照着行"。人类被比作**陶工**手中的一团黏土，陶工用同一团黏土随意做成"贵重的或卑贱的器皿"。在这几句话中，尤其是最后一句，[b] 暗

示了恩典有一种绝对的、得胜的力量；正如圣保罗所明确指出的那样，上帝的爱约束着我们。**c**

§35 一切外在强制都违背了自由的本性，所有那些驱使先知们，以至于他们不能自由运用自己能力而觉得自己不知如何是好的内在印象，也都与自由的本性相悖；然而，当一个人觉得他的能力按自己的方式运行，并且他是出于内心的信念和推理而表示赞成或做出选择时，他便仍是自由地行动，也就是说，按照理性和思维的内在原则行动。一个人在他赞成一个真理时，和在他选择他要做什么时，都是根据自己的能力行事的。如果他的思想如此开明，他能清楚地看到道德事物的善，就像他能理解思辨的真理那样，以致他觉得自己无法去抗拒这 [19] 两者，那么他就会像被抛到一个更广阔的天地一样，是一个自由的、理性的人；**a** 而且，他越是清楚地看到事物真正的善，就越是被它所决定，那么他的行为就应该更符合他的能力，更符合他卓越的天性。因为天上的圣民，虽在荣耀里完全，不能再得更多的赏赐，但不能否认的是，他们行事却有更圆满的自由，因为根据"在你的光中，我们必得见光"这一说法，他们是用真光看万有。因此，他们得出这样一个结论，即这样一种使一个人通过对他理智的启发而不是通过任何盲目的或强烈的冲动而有意愿的得胜的恩典，决不与真正的自由概念相违背。**b**

§36 归根到底，他们认为，如果要在上帝的主权、祂的行为和祂的旨意与人的意志的自由之间展开一场辩论，那么与其说削弱上帝的主权等，不如说削弱人的意志的自由显得适当和得体；[a] 但他们认为没必要这样做。他们推断说，一个人除了通过知识得到外在的启示外，他的心灵还有内在的启示，即印在心灵上的神秘的强有力的信念；不然，圣保罗为那些已经听到了福音并受了福音的教训的以弗所人所作的祷告意味着什么；"照明他们心中的眼睛，使他们知道祂的恩召有何等指望，祂在圣徒中得的基业有何等丰盛的荣耀，祂向他们这信的人所显的能力又是何等浩大"。这似乎是某种既内在又有效的东西。[b] 基督把他与信徒沟通的联合以及他对信徒所传达的影响，比作头和肢体的联合、根和枝的联合以及这种联合所引入的一种内在的、有活力的、有效的影响。尽管所提供的外在管道，在不与这种得胜的恩典相伴时，可能会被拒绝，而且总是被拒绝；[c] 然而，它却永不空手而归；这些外在管道来自上帝，抗拒它们被说成是"抗拒上帝，使祂的灵悲伤或消沉"；[d] 所以从这个意义上说，我们抗拒上帝的恩典或恩惠；但是，当祂想要战胜我们时，我们永远都挡不住祂。[e]

　　§37 至于永蒙保守，它是绝对法令和有效恩典的必然结果；[a] 因为万物都依赖上帝，并且"祂按自己的旨意生了我们"，所以在祂"并没有改变，也没有转动的影儿：祂爱谁，就爱谁到底"；祂曾应许，"祂必不撇下，也不丢弃那些祂所亲近的人"。我们由此可以得出这样的结论："上帝的旨意和选召是没有后悔的"。[b] 虽然好人可能会犯严重的罪，因此要使他们远离圣经上所说的可怕的事，免得他们叛教或背教；[c] 但上帝是这样扶持他们的，祂虽常常使他们受苦，让他们感受自身天性

[20]

86

所带来的负担，然而，圣父所赐给圣子要借着祂得救的所有人，没有一个失丧的。**d**

§38 就整个事情而言，他们认为，上帝借着自己，并为祂自身的荣耀，**预先知道**祂所拣选的这么多的人，就是神所要显为圣、得荣耀的人；上帝既然预先知道了他们，就预定了他们是圣洁的，**a** 叫他们与祂儿子的形象相合；这些人不是通过一般意义上的呼召而**被召**，也就是，"被召的多，被选的少"，而是"按祂的旨意被召"；**b** 而祂因他们顺从那呼召，就**称**他们**为义**，祂最终必**荣耀**他们。按照"没什么能叫我们**c**与我们的主基督耶稣里的上帝的爱隔绝"这一说法，刚刚所讲的那些话就不应只限于好人所受的困难，还应延伸至上帝之爱的一切结果。《罗马书》第 9 章的整个推理如此清楚地把上帝所有怜悯和正义、刚硬和宽恕的行为都归结于一种绝对的自由，一种无法探知的深处，**d** 以至于很难想象还有什么更明确的语词能表达出这种效果了。

§39 他们常说，"双子还没有生下来，善恶还没有做出来，只因要显明神拣选人的旨意，不在乎人的行为，乃在乎召人的主；雅各是主所爱的，以扫是主所恶的"；上帝"将法老兴起来，特要在他身上彰显祂的权能"；当有人提出反对这一切的意见时，他们不是回答，而是用这句话来让其闭嘴，即"你这个人哪，你是谁，竟敢向神强嘴呢？"**a** 他们会用陶工的比喻来说明这一切，并以这样一个严肃的问题来做出总结，即"倘若神要显明祂的忿怒，彰显祂的权能，就多多忍耐宽容那可怒、预备遭毁灭的器皿。这有什么不可呢?"这让读者想起了《出埃及记》中反复出现的那个说法,即上帝"使法老的心刚硬,他必不容百姓去"。他们说,上帝"所造的恶人,是为祸患的日子所造";[b] 另一方面,如经上所记,"凡预定得永生的人都信了"。[c] 他们说,有些人"被写在创世以前就被杀的羔羊的生命册上,或创世之前照上帝的旨意而被杀的羔羊的生命册上",而不虔诚的人则是"自古被定受刑罚的,神任凭他们逞着心里的情欲,任凭他们存着被神弃绝的心"。因此,他们认为,弃绝是上帝的绝对而自由的行为,是为了在弃民身上彰显祂的圣洁和正义,拣选同样也是上帝的绝对而自由的行为,[d] 是为了在选民身上彰显祂的爱和怜悯。[e] 他们也不可能像堕落后预定论者那样认为,弃绝只是上帝忽略了那些祂未拣选的人;这种行为配不上上帝,就跟祂忘了他们似的,[f] 这显然意味着不完满。至于他们关于人类在亚当里堕落的说法,他们争辩说,要么亚当的罪,以及全人类与作为他们的头和代表的亚当的联系,是绝对命定的,要么不是。如果是,那么一切便都是绝对的;亚当的罪[g] 和人类的堕落都是命定的,因此,一切自始至终都处在一连串的绝对法令之下;[h] 既然如此,那么堕落前预定论者和堕落后预定论者就是持同一种假说,只是表达方式不同罢了。但如果亚当的罪只是被预见和允许的,那么一种建立在先见之上的有条件的法令也就被承认了,随之而来的一切就会随之而定;于是,所有反对这种行为的完满性或这种先见的确定性的那些论据就会转而反对这一点;[i] 因为如果它们在任

[21]

88

一情况下被承认，那么它们也就可以在其他情况下被承认。

§40 堕落后预定论者总是避免回答这一问题；[a] 他们似乎更倾向于认为亚当处在一个绝对的法令之下；如果是这样，那么虽然他们的教义在那些不仔细考察事物的人看来似乎更可信；但实际上，它和堕落前预定论者的教义是一样的。因为说上帝命定亚当有罪，[b] 全人类都要在亚当里堕落，然后上帝从因祂的法令而堕落的人当中挑选出祂要拯救的人，而让其余的人在那堕落的状态中自生自灭；也就是说，上帝要救一些人，也要诅咒一些人，为要按正义的方法行这事，就定了亚当堕落以及人类在他里面堕落，以便救祂所拣选的人，并诅咒其余的人。堕落后预定论者在这一点上所特别指出的是，圣经并没有以这样正式的方式宣告任何关于亚当堕落的事，以致他们可以断言任何与之相关的事。[c] 人在照着上帝的形象被造出来之后，同时还没有被罪所败坏之前，就有了别样的自由。因此，虽然要把这样一件错综复杂的问题中所有的困难都清除掉并非易事，但是，我们似乎有理由认为，在无罪的状态下，人会比现在更纯洁、更自由地行善。[d] 但说到底，这似乎只是为了逃避困难，用一种语气不那么强的方式来谈论它；[e] 因为如果对未来偶然事物的预见不能确定，如果它们又没有被命定，那么上帝不可能确定地预知亚当的罪，除非祂就此颁布了绝对法令；[f] 而正如刚才所说，这和堕落前预定论的假说是一样的；关于这一点，我就不再多说了，我现在已经将这一论点的全部力量集中在了一个小的范围内。接下来，我将以同样忠诚和准确的态

[22]

度来阐述抗辩派的论点。

§41 他们以这样的说法开始，即上帝是公正的、圣洁的、仁慈的；祂在圣经中谈及祂自身与那些属性的关系时，乐意劝人，叫他们与祂讲理；因此，祂的先知们常常预言犹太民族；这话的意思是，上帝这样行事，是要叫人按照他们关于那些属性所拥有的概念来考察它们，并不得不去证明和认可它们。[a] 不仅如此，在这些属性上，上帝还把祂当作我们的原型；夏娃在这些属性上理应模仿祂，从而就有可能对它们形成正确的概念。我们要像祂一样圣洁和仁慈。那么，我们能想出一种正义，竟会因为我们从未犯过的并且在我们出生前很多年就发生的罪行而定我们的罪吗？[b] 又是谁首先要以我们永远的苦难来得荣耀，命定我们要犯罪，[c] 以证明先前那叫我们为上帝所弃绝的法令是正当的呢？如果这些法令就这样最初被上帝设计了出来，并且确实得到了执行，那么很难想象有什么正义来惩罚上帝自身通过先行的不可撤销的法令所指定的应该做的事情；因此这似乎是对正义的严峻考验。设想一个长着"能看到罪孽的纯洁眼睛"的存在者会通过先行的法令把我们犯下的如此多的罪固定下来，以致我们无法避免它们，[d] 这对无限圣洁来说同样是严峻的考验。这是要叫我们生来就必然有罪，然而这种必然性却被认为来自上帝的行为和法令，但上帝在圣经中总是把自己描述成是"有怜悯有恩典的神，[e] 不轻易发怒，并有丰盛的慈爱和诚实"。他们常说，"祂不愿任何人灭亡，唯愿人人都认识真理"。在说这句话时，他们有时会加上那庄严的誓言，即"主耶和华说：我指着我的永生起誓，我断不喜悦恶人死亡"。他们问，如果我们相信上帝借着绝对法令，弃绝了这么多的人，那么这些话有什么意义呢？如果所发生的一切都是由作为第一因的上帝的法令产生的，**f** 那么我们就当信，上帝喜悦祂的法令，并乐意谨守遵行；**g** 因此，祂以罪人的死为乐，而这与圣经中最明确、最庄严的话相矛盾。此外，我们该如何看待上帝的真理，如何看待那些献给众人的恩典和怜悯的真诚，以及如何看待圣经中经常出现的对他们的祈求、劝勉和规劝，如果我们认为上帝借着先行的行为，决定了这一切都是无效的话？**h** 所以，如果上帝有意让万物都如其所是地发生，**i** 而如果它们如其所是地发生，只是因为上帝有意，那么这些庄严的话就毫无意义了？这个观点的主要依据在于作为其基础的这一论点，即任何与上帝的正义、圣洁、真理和纯洁相抵触的都不能被相信；**k** 这些属性是照着我们关于它们的概念而存在于神里面，**l** 只是它们在祂里面更无限完满；因为我们需要模仿它们。而绝对法令的教义显然与我们关于正义、圣洁、真理和良善所形成的最清晰的观念相抵触。**m**

[23]

§42 他们从上帝的本性转到了人的本性；他们认为，一个人借以主宰自己的行为并且可以做或不做他所乐意的事的这种内在的自由对我们行为的道德性来说是非常必要的，若没有它，我们的行为就既不是善的也不是恶的，**a** 就既不能奖励也不能惩罚。无论疯子或睡着的人 **b** 的所作所为是善或恶，他们都不应该被指责；因此，我们至少要有一定程度的自由，**c**

否则我们为什么要因我们所做的任何事而得到赞扬或受到指责呢？如果一个人认为他处在一种不可避免的 ^d 法令之下，那么由于他对自己的一切恶行没有丝毫的悔意，而是将其归咎于束缚他的不可避免的力量一样，他自然就会得出这样的结论，即与无能为力之事 ^e 作斗争毫无意义：人们既倾向于推卸自己的责任，又倾向于纵容自己的怠惰和懒散，这些行为对人类来说太自然了，所以他们不会被有利于他们的意见所鼓励。所有的德性和信仰，所有的戒律和勤勉，都必须从作为其第一原则的这种自由中产生；也就是说，我们内心有一种力量，它可以支配我们的思想和行为，也可以提高和改进我们的能力。^f 如果否定了这一点，那么所有的努力，所有的教育，我们自己或别人所遭受的所有的痛苦，就都是徒劳无益的。^g 也不可能使一个人相信别的，因为他如此清楚地意识到他是一个自由的行动者；^h 他觉得自己在思想中对各种事进行了权衡，而且显然对它们进行了慎思，所以他当然知道自己是一个自由的存在者。

§43 这就是印在他本性上的神的形象；虽然他常常感到自己过于急躁，在某些时候，在某些情况下，似乎失去了自由。然而他觉得他可以在那种激动状态刚开始的时候就 ^a 把它抑制住；他觉得只要他决心去做，他就能转移自己的思想，在大多数事情上控制自己。他发现知识和反思、好的伙伴、好的训练确实能驯服和软化他，而坏的则使他变得粗野、放纵和不规矩。他们由此得出结论说：人是自由的，而不受制于不可避免的命运或不可抗拒的向善或向恶的驱使。他们根据那充满劝

[24]

导、劝勉、责备、劝诫、鼓励和惊吓的圣经的大意证实了所有这一切；如果我们内心没有应付劝导、劝勉等的自由的力量，它们便都是徒劳的、做作的东西：[b]对死人讲话、劝瞎子去看或劝瘸子逃跑，有什么意义呢？如果在那不可抗拒的恩典降临之前，我们是软弱无力的，并且如果在那恩典降临时，谁也挡不住它，那么那些庄严的话语对我们便不起作用，它们也就没有什么意义了。它们不能使我们不可宽恕，[c]除非我们有能力通过它们而改进；想象一下，上帝给那些祂以前有意诅咒的人以光和祝福，只是为了在它们对他们一点用处都没有的时候使他们不可宽恕，而它们只会加重他们的定罪，[d]这会使人对无限的良善产生一种奇怪的看法，以至于无法用那些在它之上自然出现的词语来表达它。

§44 我们很难设想上帝有两种相反的意志，[a]一种命令我们履行职责，并以最庄严的誓言要求我们履行职责，另一种则通过命我们去做相反的事而在我们的道路上设置障碍。[b]这使上帝看起来好像有两种**意志**，虽然两个心眼在用到人身上时并不意味着什么好的品质：一种**意志**要求我们履行职责，而另一种意志则使我们不可能不犯罪；为善的**意志**是无效的，而使我们犯罪的意志则是绝对无误的。[c]这些话似乎很难理解；真信仰的根源在于对上帝及其属性有正确而崇高的观念，而这里出现的观念很自然地使我们对上帝产生了奇怪的想法；如果这些观念被我们当作原初的东西来接受，我们就会在它们的基础上形成自己的本性，那么这些观念可能会使我们变得恶毒、专横、毫无同情心，但似乎并不适合激发我们的爱、怜悯和同情；尽管我们总是以这种观点提出上帝。**d** 所有的布道和教导也都假定了这一点：因为倘若人不是自由的行动者，没有能力控制自己的思想，并且倘若他们不能被理性所说服和转变，那么他们被呼召、被教导、被努力去劝服的目的是什么呢？如果只有少数人由于上帝先行的行为而享有那献给众人的平安和赦免，而所有其他人都被拒之门外，那么它们便是虚妄的东西。

[25]

§45 他们说，我们还应该进一步考虑到，上帝使人得自由，并据此治理他们，使祂自己对世界的管理适合于这个世界，这并不损害祂自己的权柄；这不过是按照祂放入那些构成这个世界并使其多样化的各种各样的存在者中的几种本性进行祂的创造；因此，倘若上帝某些涉及人的行为 **a** 不像祂的其他行为那样自由，而且我们可能认为这是一个独立的存在者的最终完满所必需的，这也不是因为上帝的行为有任何缺陷，而是因为祂有意让其得自由的那种受造物的本性与这些行为是矛盾的。**b**

§46 当我们看到祂的某些作品比其他作品更美、更有用时，神的全能 **a** 并没有削弱；大自然不规则的产物也不会贬损这种使所有的事物在神圣心灵看来都很美好的秩序。**b** 因此，倘若祂想赋予思维存在者的那种自由与这种积极的行为以及如此积极地支配自然事物和这个物质世界的天意不相容，**c** 这也决不会贬损祂的心灵的主权。这也就对世上的恶做出了这样一种说明，即恶决不能归咎于上帝的纯洁和圣洁，更不能削弱祂

94

的纯洁和圣洁；因为祂只是允许祂的受造物继续自由地使用祂所赋予他们的那些力量；祂就此行使了一种特殊的天意，那便是，使某些人的罪成为对他们自身的罪或其他人的罪的直接惩罚，时常用他们所意欲的大量的那种恶来约束他们，并从中产生出大量的他们所没有意欲的善；但一切都是以适合于他们本性的方式进行的，没有对他们施加任何暴力。

§47 诚然，要说明那些取决于意志自由选择的未来偶然事物是确定的和绝对无误的，并非易事。但根据别的解释，我们可以确定，情况就是这样；因为我们透过整部圣经看到了一连串的非常肯定的预言，而这些预言的实现依赖于人的自由意志；这些预言由于都是被非常精确地给出的，所以它们也同样如期地实现了。[a] 且不说别的预言，凡是与基督的死亡和受难有关的预言都借着祭司和犹太人的自由行动实现了：他们这样行事是犯罪，这证明他们这样行事是出于他们天生的自由。凭这两部圣经中的这些预言以及其他所有预言，我们必须承认，上帝确定无疑地预先知道这些事情；但这种确定性在哪里有其根据，[b] 这个问题却不容易得到解决；在这里，神圣心灵的无限完满能使一切异议归于沉寂。如果有一个清楚的观念，我们借此认识到一个事物与上帝的属性明显对立，那么我们就有理由拒绝这一事物；因此他们认为，他们有权否认所有这类事物存在于上帝里面，因为他们清楚地认识到这类事物与正义、真理和良善相抵触；但如果反对任一被认为存在于上帝里面的事物的理由仅在于其方式和不可设想，那么上帝的无限完满足以

[26]

95

回答一切。

§48 我们还应该进一步考虑到，这种先见并不能使结果确定，因为这些结果是被预见到的；而它们之所以被预见到，是因为它们注定会发生；所以这种先见的确定性不是先行的而是后起的，不是原因而是结果。无论发生什么，在它发生之前都是未来发生的事；既然它发生了，那它在永恒之中便确定就是未来发生的事了；并不是由于一种命运的确定性，**ᵃ** 而是由于一种从它一度存在中产生的确定性，这个真理——即它是未来发生的事——是永恒确定的：因此，神的先见只是知道将要发生的一切事情，这并不能推出必然性 **ᵇ** 或因果性。

§49 圣经上有几处直接了当地给出了一种有条件的先见。**ᵃ** 上帝回答大卫说，扫罗到了基伊拉，基伊拉人要将他交出来；然而这两件事都以他在那里居留为条件；他离开了那里，这两件事都没有发生。这里便是一种有条件的先见。耶稣的话是这样说的，推罗、西顿、所多玛和蛾摩拉的人，若看见他在加利利的几个城里所行的神迹，就必归向他。既然这样，这种先见可能就非常确定，它永远不可能犯错，也不可能误导上帝的设计或旨意；既然借此，上帝的属性显示了出来，人的意志也得到了应有的自由，那么，一切困难似乎都可以通过这种方式轻易地被消除。

§50 至于把救恩的途径赐给某些民族和个人，又不赐给另一些民族和个人，圣经确实把这完全归因于神恩的丰富和自由；**ᵃ** 但他们仍然认为，上帝给了所有人对他们所处状态来说所必需的东西，来履行他们在这种状态下所承担的义务；这种微弱而普遍的恩典足以 **b** 使他们达到上帝所愿接受的地步，或者上帝愿给予他们更多启示的地步。**c** 由此便可推知，在上帝的眼里，所有人都是不可宽恕的；"上帝在审判时总是公正的、清楚的"；因为每个人即使没有那足当救他的东西，至少也有那足当使他达到得救的地步的东西。但除了这种确实必要和本身就充分的东西之外，还有无数的恩惠，比如，上帝慷慨赠予的恩典和仁慈；这些都是上帝随意施与人的。

§51 这样，上帝的伟大设计就会依照祂的仁慈和怜悯继续下去。谁也不能抱怨，尽管有些人比其他人更有理由因神而欢喜和荣耀。发生在整个民族身上的事情也可能发生在个体身上；有些人可能拥有更高的特权，被置于更幸福的环境中，并得到上帝所预见到的将来**有效**的那种帮助，而不仅仅是那些虽然在本质上**充分**但在实际中却**无效的**帮助。**a** 每个人都应该抱怨自己没有利用他本可以利用的那充分的帮助；所有善良的人都会因神而欢喜，因为赐予他们的那些上帝所预见到的帮助将被证明是有效的。但他们承认这一点深不可测，即上帝没有赐予万民同等程度的光明，也没有把所有人都置于同样幸福的环境中，这也是他们所无法解明的。不过，正义、善和真理都得到了保存；我们也可以想象一种对所有人来说都绝对最好的善；**(b)** 他们承认这里有困难，但它并不等于另一方的那些困难。

§52 他们由此阐释了新约中所有那些经常被提到的关于

[27]

97

神的**旨意、拣选、预知**和**预定**的段落。他们说，所有这些都与上帝的这一设计有关，即召呼外邦人认识弥赛亚。这事是秘而不宣的，虽然几位先知曾对此有所暗示；所以这事是一个秘密；及至基督的门徒照他所吩咐的，去教训万民，向外邦人传福音的时候，这事才显明出来。这事是犹太人的绊脚石，而且在门徒写使徒书时，这事也是犹太人和门徒之间争论的主要话题。所以他们必须把这事写得很清楚，屡次加以论述。但是，在基督教的初期和幼年时期，没有必要用关于上帝法令的高深莫测的思辨来引起人们的兴趣。所以他们注意到，使徒们述说了最初亚伯拉罕是怎样蒙拣选的，后来以撒和雅各又是怎样蒙拣选的，以及他们和他们的子孙应当怎样与神立约；使徒借此还述说了上帝向来有意呼召外邦人，虽然那不是借着他们的事奉才行的。

§53 用这把钥匙，人们就会在圣保罗关于这一主题的所有论述中找到一种明显连贯的意义，而不需要将先行的特殊法令强加于特定的人。**ª** 在神允许的和指导的意志下所发生的事情，也可以在很大程度上归因于上帝的意志和筹算；因为允许和指导的意志实际上也是一种意志，尽管它既不是先行的，也不构成原因。**法老的心地刚硬**可能要归因于上帝，尽管有人说他**自己硬着心**，因为当他从神降在他和他的百姓身上的瘟疫的间歇中看到神赐给他新的喘息的机会时，他趁机鼓励自己，并且他是一个残忍血腥的国君，深深地沉迷于偶像崇拜和巫术，因其他罪也理当受到这样的审判。这样我们就可以认为他实际

[28]

98

上已经受到了最后的审判，只不过是缓刑而已，他没有在最初的瘟疫中被吞灭，而是在瘟疫中被保存了下来，并从中复活，只是为了要成为神审判那些刚硬的不悔改的人的永久见证。"神要叫谁刚硬，谁就刚硬"，[b] 这句话必须流传下去，约束像那个暴君那样的人。

§54 为了达到这个目的，他们对从圣经中引证的所有段落进行了难以数计的讨论；正如他们所认为的那样，这把钥匙足以打开它们中的大多数。我们的救主关于"父所赐给他的人"的这些话，仅仅指的是上帝的分赐，而不是法令；因为他又说，"其中除了那灭亡之子，没有一个灭亡的"：因为他不能说，他是奉上帝的法令而失丧的。在经上说上帝"要在我们心里作工，成就我们的意志和行动"的同时，我们也要"恐惧战兢，做成我们得救的工夫"。所给出的"注定得永生"这一说法确实也意味着，适合或倾向于永生。"使你与人不同的是谁呢?"这个问题似乎 [a] 涉及那些以不同程度和不同方式倾注在最初的基督徒身上的恩赐：在这些恩赐中，人们只是被动的，在把那些恩赐分配给他们之前，他们是没有什么东西的，而他们因随意使用那些恩赐而彼此区分开来。

§55 基督被认为是"为普天下人的罪作了挽回祭"；恶者被认为是"连买他们的主他们也不承认"；基督的死就其涉及众人而言与亚当的罪相对而立：所以"因一次的过犯，众人都被定罪，照样，因一次的义行，众人也就被称义得生命了"。一边的**众人**必须与另一边的**众人**有着相同的范围：所以既然**众**

人都与亚当的罪有关，那么**众人**也就必须都与基督的死有关。他们藉着这一论点进一步强调，众人有义务相信基督的死，而没有人有义务相信一个谎言；所以由此可推知，他必定为众人而死。我们也不能认为恩典本身如此有效，以致决定了我们；否则为什么我们被要求"不要叫神的圣灵担忧"？为什么说，"你们常时抗拒圣灵；你们的祖宗怎样，你们也怎样！我多次愿意把你们聚集在我的翅膀底下，只是你们不愿意。我为我葡萄园所做之外，还有什么可做的呢?"这些似乎清楚地表明，

[29] 我们内心有一种力量，凭借这种力量，我们不仅能够抗拒恩典，**ᵃ** 而且确实经常抗拒恩典。

§56 若不承认恩典有决定性的效力，我们就会更难相信我们有效地下定决心去**犯罪**。这看起来不仅有悖于上帝的纯洁和圣洁，并且如此明显地有悖于圣经中关于把罪归到人身上的全部内容，以致对于这样一个丰富的主题，我们就没有必要提供证据了。"以色列啊，你与我反对，就是反对帮助你的，自取败坏"；"然而你们不肯到我这里来得生命：以色列家啊，你们何必死亡呢?"至于这样一种精细的说法，即罪之恶是一种否定，也就是说，它不是一种实有，所以尽管上帝要决定人们的行为是否有罪，但祂并不参与这种行为中的罪，**ᵃ** 他们认为，让上帝的荣耀和属性立于这样一个诡计之上，未免太过形而上了，因为在违反道德律的罪行中，行为本身似乎存在一种与行为密不可分的先行的不道德性。但假设罪是一种否定，**ᵇ** 而缺失在没有任何别的东西介入其中的情况下确实直接而必然地产

生于这种行为；这样就算上帝确实绝对无误地决定了 ^c 一个罪人要做出有罪的行为，可是那种行为仅仅是由于一种与之相关的缺失而成为一种罪行的，那么祂看上去就不是真正的罪的创造者；^d 因为如果祂是有罪的行为的创造者，而罪就像影子依附于它的实体那样依附于这种有罪的行为，那么他们指出，祂就必须被视为罪的创造者。

§57 尽管可以说，罪是违反了上帝的律法，上帝本身不受其律法的约束，所以不可能犯罪；再就是，不道德的行为本质上与无限完满是对立的，所以上帝不可能采取这种行为，因为这与祂自身的地位是矛盾的。我们也不应该认为，祂可能为此诅咒人类，因为这是祂让他们采取的行动的必然结果。^a

§58 至于永蒙保守，经上对那些得胜又**坚定不移至死忠信**的人所做的许多应许似乎暗示着，一个人有可能从好的状态跌落。《希伯来书》第6章的那些名言清楚明白地表明，这样的人若是跌倒，便不可能凭着悔改再叫他们复活。在《希伯来书》中，经文这样写道："只是义人必因信得生"；紧接着，后面是这样一句话："他若退后（**任何人**都不在原处），我心里就不喜欢他。"先知曾明确地说："义人转离他的义而作罪孽，他所行的一切义必不被记念；他就必因此死亡。"这些推断，以及从其他地方可能得出的同类的推断，确实使我们有充分的理由相信，一个好人会从好的状态跌落，一个坏人也会脱离坏的状态。^a 总而言之，万物的结局，最后一天的最终审判——将照着人们所做的善事或恶事及其应受的奖赏和惩罚来定——似

[30]

乎十分明确地肯定了我们意志的自由，以致他们认为仅凭这一点就足以证明一切。

§59 截至目前，我们已经阐明了抗辩派一方的论点的力量。至于索齐尼派，他们根据双方所陈之义提出了自己的主张。在所有反对绝对法令的言论上，以及在极力主张所有那些由此得出的结论上，他们与抗辩派是一致的；在极力反对有可能对未来偶然事物有某种先见上，他们又与加尔文派是一致的。[a] 所以我们没有必要更具体地提出其主张，也没有必要提出更多反对其主张的意见，因为抗辩派已经提出了足够多的反对其主张的意见。因此，我就不再谈这一点了，现在我要对整个问题进行一些反思。

§60 乍一看，双方所陈之义似乎都很有分量，[a] 分量之大，以至于教育，即总是更多地关注一方的困难而不是另一方的困难，以及某种程度上与之相称的性情，会使人们非常坚定地接受其中一方或另一方的信念，也就不足为怪了。[b] 双方都有其困难，所以选择困难最少的那一方是很自然的。但很明显，双方都没有理由轻视另一方，因为双方的论点都是决不可轻视的。[c]

§61 我们还可以进一步注意到，双方似乎主要是为了维护上帝及其属性的荣耀。双方在这一点上是一致的，即无论什么被确定为原初的上帝观念，其他的一切都必须加以解释，以便与那种上帝观念相一致。矛盾是决不允许的；但有些东西是有理由相信的，不相信它们，我们就会形成无法轻易回答的异

议。**ᵃ**

§62 一方认为，我们必须从无限完满、独立和绝对主权的观念开始：**ᵃ** 即使在后续过程中出现了无法消除的困难，**ᵇ** 我们也不应该动摇这种原初的上帝观念。

§63 另一方则认为，我们无法像对正义、真理、圣洁、良善和怜悯等概念那样，对独立、绝对主权和无限完满的概念加以明确的表述：**ᵃ** 既然圣经常常在那些观念下向我们提起上帝，他们认为，我们就应该把这些观念当成原初的上帝观念，然后把其他一切都归结于它们。 **[31]**

§64 这样看来，双方似乎都热心于神及其荣耀；双方也都提出了不容置疑的一般准则；**ᵃ** 并且双方也都是从他们的第一原理出发来进行正当论证的。**ᵇ** 这都是双方在这些问题上相互宽容和忍让的重要依据。

§65 可以肯定的是，如果一个人长期把他的无限完满的思想与绝对的不可变更的法令、用积极的意志去完成每一件事、为祂自身的荣耀而做每一件事等观念紧密地交织在一起，那么他就无法理解这一切，即"法令依赖于可预见的自由意志"，"恩典受制于自由意志"，"基督之死的功德已经不复存在"，"一个人一度被上帝所爱，但最后却毫无惧色地被上帝所恨"。**ᵃ** 这些东西似乎都有一种软弱、依赖和易变的表象。

§66 另一方面，如果一个人已经习惯于经常思考上帝所显现的无限的良善和怜悯、坚韧、耐心、不易动怒，他就不可能让"绝对弃绝""决定人去犯罪"以及"不给他们必要的恩典来防止他们犯罪和受到诅咒"^a 的思想进入他的心灵，并且感受不到在相反情况下的另一个人所感受到的恐惧。

§67 所以这两种观点源于他们不同的上帝观念，^a 而这些上帝观念都是真的；人们只是在它们的适用范围^b 和由它们所得出的结论上犯了错；这些都是想象得到的能使双方彼此容忍、不妄自尊大地评判别人、不严厉地指责对方的最明显的理由。^c 那些在人生的不同时期都持有这两种观点并且基于他们所看到的理性的证据而改变了信念的人可以在这里说得更肯定些；因为他们知道，他们已经以极其真诚的心对这两种观点进行了考虑。

§68 每一种观点在实践中都有其优点。加尔文教徒从他的观点中被教导要贬低自己，要把一切荣耀都归于上帝，这便为他的谦卑打下了深厚的基础。他同样更倾向于暗中祷告，并且对上帝有着坚定的依赖，^a 这自然会使他的心灵处于一种良好的状态，并使他定格在这种状态。因此，虽然他可能无法连贯地说明他警醒和留意自己的理由，^b 但那性情却是从他祷告时的谦卑和虔诚生发出的。另一方面，抗辩派信徒则致力于唤醒和提高自己的能力，用美好的观念来填充自己的心灵，通过经常的反思和持续地留意自己的行为来提高自己；他认为他有理由为自己的罪行而自责，^c 并下定决心去履行自己的职责；他确信，如果他失败了，那是由于他自己的过失；他心里没有可怕的恐惧，他不会被诱惑去寻求一种过度的安全感，也不会因（或许是）幻想永远得上帝的青睐而膨胀。^d

[32]

§69 双方都有各自的优点，也有各自独特的诱惑物。^a 加尔文派会受到诱惑而去追求一种虚假的安全，并变得懒惰。阿民念派则可能会受到诱惑而变得过于信任自己，并且不太信任上帝。所以同样，一个性情平和、思想温和的人，也可以在双方之间取得平衡，而在这一点上，让位于一种过分自信、独断专行的性情则是不合理的。若说阿民念派热衷于维护人的自由，那是因为他们看不出，若没有自由，世界上怎么会有善或恶。他们认为人的自由是上帝的杰作，是上帝为了伟大的目的而创造的；因此，祂不可能允许任何在祂看来破坏它的东西存在。另一方面，若说加尔文派看上去破坏人的自由，^b 那是因为他们无法使其与上帝的主权、神恩的自由达成和解；并且他们逐渐认为，献祭一个人来拯救他人是一种虔诚的行动。

§70 双方的通病是，彼此指责对方观点的后果，就好像那些观点真的是他们的信条一样。尽管他们对这些后果十分忧虑，但却不把它们放在心上，他们以为他们通过一些区分就可以避免这些后果。但双方都认为，对方的后果比那些对自身不利的后果更糟糕，也更坚定地忠于那教义。因此他们认为，他们必须选择那种最不令人困惑、最容易让人理解的观点：不只是各方那些坦率而又博学的人才会承认，他们在这些问题上常常感到为难。^a

§71 在处理这些问题上，另一种非常不得体的方式，即双方都经常极其冒失地谈论上帝。有些狂妄的智者为了把相反的观点说成是荒谬可笑的，便引入了上帝，并且按照他们的假设，用不体面的措辞，把祂说成是以一种不仅不得体而且近乎亵渎神明的方式来行事或下令。尽管他们想避免这一点，所以他们指出，他们只是在表明若相信另一种观点所必然出现的结果；然而，当我们这些可怜的凡人谈到天地间伟大的上帝的荣耀或属性、法令或运筹时，我们应当极其虔诚地遵守那种庄严肃穆的风格：用一种滑稽的腔调来表现与此相关的任何一种东西都是令人无法容忍的。这是假装把上帝所有行为的顺序、其中所提出的目的以及完成这些行为的方法指定下来的那种非常大胆的假定所特有的东西。我们都不知道我们的思想是如何使我们的身体服从和支持我们的心灵的，所以我们不应该认为我们可以设想上帝是如何劈开或改变我们的意志。在整个事情上，最难理解的是弃绝，那些认为有必要维护拣选自由的人唯恐避之不及，他们就弃绝给出了一些柔和的说法，比如，"忽略"或"让人自生自灭"，**ᵃ** 他们试图将其运用于亚当的罪，**ᵇ** 而为了使那种看起来严厉、听起来不舒服的观点变得柔和，他们用到了一切可能的方法。但无论如何，他们都会忍受绝对拣选观点的所有后果，**ᶜ** 而不是放弃它。

§72 另一方面，那些曾深信弃绝教义是错误的人，也不明白他们怎么能否定它，却又把自由拣选归于上帝。他们曾深信，只有有条件的、建立在对人的罪的预见之上的弃绝：由此，他们不得不就拣选说同样的话。**ᵃ** 双方都试图从他们认为最容易证明的东西开始争论；其中一方从确立拣选开始，另一方则从抛弃弃绝开始。有人还试图寻求中间道路：因为他们注

[33]

意到，圣经在论及我们身上所发生的善或恶，把善归给上帝，将恶归给我们自身，教导我们把一切善的荣耀归给上帝，将一切恶的罪责归给自己的时候，文风有很大的差异，他们由此得出结论说，上帝在这一方面的影响和因果关系必定不同于祂在那一方面的影响和因果关系。**b** 但当他们想要弄清楚这一点时，他们却遇到了极大的困难；然而，他们选择忍受这些困难，而不是卷入其他两种观点中那些同样大的困难（即便不是更大的困难）。他们把所有一切概括为两个普遍的论断，即两个伟大的实践真理：**"我们不要把善归于自己，也不要把恶归于上帝，就这样，让一切都平息下来吧！"bb** 有些人可能认为，这是一条更加懒惰、更加安全的道路，**c** 它避开困难，而不是解决困难；而他们则认为，争论的双方更善于引起困难，而不是解决困难。

§73 这就是我到目前为止根据一般原则所作的反思，但只有在那些仔细读过双方主要争论的人看来，这些反思才是站得住脚的。就这些重大问题而言，所有人一致认为：基督耶稣的怜悯是白赐给世人的；上帝白白地献上了祂的儿子，做我们的挽回祭，也白白地悦纳了祂儿子的死，替我们代罪，其实祂本可以定各人的罪，叫各人因自己的罪而死；上帝在分赐祂的福音并将其传到各民族 **a** 时，根据祂的恩典的自由，凭着对我们来说神秘的、无法测度的理由行事；在上帝面前，每个人都是不可宽恕的；所有人都是自由的，可以因他们所做的善事或恶事而受到赞扬或责备；每个人都应该尽其所能地运用他的能 [34]

107

力，真诚地祈祷和信靠上帝的保护和帮助；各人在实践中都不应当认为有一种命运或法令笼罩着他，[b] 因而怠惰于他的职责，而是应当尽其所能，就像没有这种法令似的，因为不管有还是没有，他都不可能知道那是什么；各人当在神面前，为自己的罪深深惭愧，不可装作有法令在他身上，或自身软弱，为自己开脱；所有人都要谨守福音上所陈明的规条，不可指望神的怜悯，也不可指望神的恩赐，[c] 乃要刻苦己心；末了，各人必受审判，不是照暗中的法令，乃是照自己的行为。就这些伟大真理（大部分是实践性的）而言，所有人都一致认为，如果他们在实践这些真理时能真诚地达成一致意见，就像他们在承认它们为真时所做的那样，他们就会做一些比推测和争论细节更为重要和必要的事情；这样，世界很快就会换上一副新的面孔，然后那些可能乐于猎奇探索和争论的少数人就会以更谦虚、更少激烈的态度来做这些事，既不那么过分自信，也不那么目空一切。

§74 到目前为止，我一直都在坚持对这些问题进行适当的一般性反思。最后，我要考察一下，从这一信条或其他地方来看，我们的教会究竟在多大程度上决定了这件事，即她在多大程度上限制了她的儿女，以及在多大程度上又让他们自由了。对于那些本身错综复杂、极易引起激烈争论并且激起持久争吵的观点，我们教会在所有其他事情上所奉行的中庸之道，把她在这些问题上的话延伸到其严格意义之外，是不合适的。另一方面，事物的自然衡平或自然理性更应该使我们对各方都有全面的认识，正如我们的教会在这些问题上的那些话所表达的那样。

§75 不可否认，这一信条似乎是按照圣奥斯定的教义来制定的。它假定人在**预定**之前是**受诅咒**的，他们借由预定被从诅咒中解救了出来；所以它直接反对堕落前预定论者的教义。这一信条没有提到弃绝，甚至都没有暗示；关于它，也没有做出任何界定。**ª** 这一信条似乎也确立了恩典的效力。**ᵇ** 但在这一点上，整个困难的症结所在，也就是，上帝颁布永恒的旨意或法令是根据祂所预见到的祂的受造物的行为，还是为了祂自身的荣耀而纯粹出于绝对意志，并没有得到界定。**ᶜ** 那些执笔者很可能认为，这种法令是绝对的；但是，既然他们没有这样说，那些赞成《信纲》的人就不受《信纲》中没有明文规定的任何东西的约束。因此，既然抗辩派并不否认，上帝在预见到了人类将会根据他们所处的不同环境做或不做什么之后，接着通过一种坚定而永恒的法令，对祂要按时执行的整个计划的细枝末节进行了安排，那么他们就可以赞成这一信条，而又不放弃自己对这个问题的看法。另一方面，加尔文派教徒就没有那么多顾虑；因为这一信条似乎更明显地支持他们。此外，附加的三个注意事项也表明，圣奥斯定的教义的问题要由这一信条来解决：因为**人们总是把上帝预先决定的判决摆在眼前，这一危险一方面有可能使人绝望，另一方面有可能使最不洁的生命过得很幸福**，它只属于这一方，因为这种危害不是由另一种假设引起的。另外两个注意事项，即**接受在圣经中向我们所提出**

[35]

109

的上帝的应许，并遵循在上帝的话语中向我们所显明的上帝的
意志，显然与同一观点有关。**d** 虽然其他人确实从这些注意事
项中推断出，这一信条所主张的教义必须被理解为与这些注
意事项一致；因此他们认为，既然绝对的预定不能与它们相一
致，那么这一信条就要另行解释。他们指出，绝对法令非常自
然的后果，要么就是放肆，要么就是绝望。因为底层的人认
为，无论法令是怎样制定的，它一定要实行。**e** 他们还认为，
因为我们必须接受上帝的应许是有条件的，所以我们也必须
相信上帝的法令是有条件的；因为绝对法令排除了有条件的应
许。如果上帝因为自身先行的行为而排除了大多数人，那么祂
的恩赐就不可能是真心实意的。如果我们必须只遵循上帝的启

[36]　示意志，我们就不应该假定上帝有一种先行的积极的意志，命
我们做与祂的命令相反的事。**f**

　　§76 因此一方认为，就其构思者给出的字面意思而言，
这一信条本身 **a** 就非常明确地确立了他们的教义；而另一方则
争论说，从那些附加在信条上的注意事项来看，对这一信条的
理解应该与这些注意事项相一致。双方都在这一信条中找到了
他们之所这样说的依据，以致他们认为他们不会因为赞成它而
放弃自己的观点。抗辩派一方进一步补充说，基督之死的普救
性似乎在教会所有职事中最庄严肃穆的部分得到了明确的肯
定。因为在教会的职事中，在祝圣饼酒礼文中，我们承认基督
借着**他一次献祭，为普天下的罪，在那里做了完全的、完满
的、充足的牺牲和奉献以及抵偿**。虽然其他人说，**完全的、完**

满的、充足的，不应被理解为基督之死是有意要为**普天下**做完全的牺牲和抵偿，但就其本身的价值而言，它是能够做到的。这句话被认为太夸张了。在我们教会的《教义问答》中，还有更多的明确的字眼表达了这一目的。《教义问答》应被认为是对教会的意义所做的最庄严的宣告，因为那就是她教导她所有子女的教义。在其似乎最重要的那部分，作为对《使徒信经》的简短总结，它是这样写的，即**上帝是救赎我和全人类的圣子**。从这句话来看，全人类都必定同样普遍得救，正如这句话的上下文所说的那样，**上帝就是造我和世人的圣父，就是叫我和神的所有选民得以成圣的圣灵**。这一点既然要严肃地、没有例外地加以理解，也就要同样严谨地加以理解。还有另一个从施洗的职事中得出的论点，它可以证明人可能会从蒙恩和得救重生的状态堕落；因为在整个职事上，尤其是在施洗之后的感恩上，可以肯定的是，受洗的人**借着神的圣灵重生**，并且**借着收养得为神自己的孩子**；现在既然可以肯定的是，许多受洗的人会从那蒙恩的状态堕落，这似乎意味着，有些重生的人可能会堕落：**b** 这虽然很符合圣奥斯定的教义，但却不太符合加尔文派的观点。**c**

§77 我就这样尽可能简短地对这个问题进行了考察；然而，整个争论太宏大了，而且有许多分支，我不知道我是否遗漏了整个争论的任何一个重要部分。据我所知，我一直保持着我在处理这个问题时像自己提出的那种漠然的态度；我没有在这个场合表明我自己的意见，虽然我在其他场合并不回避这 [37]

样做。[a] 既然教会并不是专横的，而是给不同的意见留有一定的余地，我想我就应该这样解释这一信条。因此，在这个问题上，我没有试图用我对这个问题的理解来说服读者，而是把双方论点的力量、困难的大小以及我在持这种信念或那种信念的书中所发现的所有优点都摆在了他的面前。[b] 就像教会所做的那样，我也把选择留给了我的读者。

莱布尼茨评伯内特

注释者的序言

人类历史上最古老的关于自由与命运的争论由于基督徒而在恩典与预定的问题中变得异常复杂。如果你对这个问题理解不够透彻，那么这甚至在实际的生活事务中也会引起麻烦，仿佛命定的或预定的事件是绝对确定的，其结果就是，无论你做什么或不做什么，一个事件的发生都是确定的。由这个结论所产生的，要么是愚昧无知的怠惰，要么是毫无节制的放纵，因为我们在未来可能希望得到的任何东西都不在我们的能力范围内；这是愚蠢的，因为事件无疑是由它们的原因引起的，而我们在它们的原因中占很大一部分。基督徒关于这一观点的追问曾经无伤大雅，但在 16 世纪，新教徒就此发生了激烈的争论；尽管争论没有引起教会分裂，但现在还是一如既往地激烈。诚

113

然，尽管基督的位格已经通过求助于古代教会的套话得到了解决，但必须承认，关于圣餐的争论仍然是一个障碍，所以许多人才会怀疑福音派和改革宗之间的友谊能否恢复。但是，如果关于这一神圣之事的真理被确立，这个困难就会结束，而正如加尔文自己所认为的那样，这种真理连同改革宗的许多共同的信条现在不仅被证实了，而且得到了充分而坦率的解释，也就是说，[基督在圣餐中的临在]不在于借着信在灵魂里做单纯的表象，而在于做真实身体本身的实体。这样，它就摆脱了连我们的路德宗神学家也不支持的粗糙的物质存在和确定的尺寸。如果没有那么多出于无价值的动机而进行的无价值的活动，那么有关圣餐的问题就可以被轻易地搁在一边了（哲学上的争论也同样可以被搁置一边）。

因此，一个主要的争论仍然存在，即关于预定的争论，我们教会中很多人对改革宗在这方面的教义感到愤怒，仿佛神的完满性——主要是正义、仁慈和圣洁——被颠覆了，虔诚和德性受到了损害。有关洗礼、圣餐、忏悔和其他基督教仪式的效力的问题，更是令许多人感到不安；因为他们担心，如果我们在不确定拣选的情况下便不能确定我们是否得称义或赦免，那么与救赎相关的实践就会带来危险。由于英国国教在这一问题上保留了思想自由，而多特法令又没有变成法律，所以人们希望该国教会的工作能消除新教徒之间的争议。尤其，近日来，索尔兹伯里最可敬、最杰出的主教热情高涨，他在解释第十七条时，熟练地阐述了每一部分的基础；其目的在于，通过这个

[41]

方案，每一派都能理解困难的严重性，更善意地判断另一派。在一位精通教义的温和的德国改革宗神学家把这一篇章从英文优美而清晰地译成拉丁文后，我产生了这样一个想法：在这个问题上，我们很难找到比这更强有力的作品了，也很难找到比这更能添加有和解之意的注释的作品了。因为在我看来，双方最貌似合理的论点并非都能站得住脚，正如最可敬的作者所精辟指出的那样，而是在每一方最强有力的论点中都有从不同角度考虑的真理；因此，在这一过程中，分歧的严重性，以及分歧本身，要么被摧毁，要么至少被大大削弱了。我们并不是在反对最可敬的作家本人，而是反对那些拥有他在声称悬搁自身判断的情况下所提到的观点和论点的人；并不是在他们捍卫自己的观点时，而是在他们与他们的对手斗争时，我们就更不同意他们了。最后，我们允许下列种种注解公之于众，是为了说服双方最杰出的神学家，并希望鼓励人们更仔细地关注这个问题。

论预定与恩典

作者是最值得尊敬、最受人欢迎的吉尔伯特·伯内特

他也是最神圣的权威神学家兼索尔兹伯里主教。

本文节选自他的《对〈三十九条信纲〉的评述》，

该《评述》以促进智士在谈话中虔诚节制为旨归阐明了双方的

立场，并被译成拉丁文。

这第二版载有另一位作者的释文，该释文对双方的基本论点进

行了调和，并通过最清楚地阐明眼前的问题，坚决驳斥了他们

错误的推论。

§1（a）下述评论并不是对最可敬的作者本人的反对，而

只是涉及他如此巧妙而有力地提出的观点，以及他所给出的理

由和修饰。

§2（a）这整个争论的核心问题一经在这一节中被提出，

显然，人们应当对此抱有希望。因为要我说的话，即使世界各
地的人在这些立场之间划清了界限，这里所提出的核心主张不
仅彼此不对立，而且还相当一致。我们还进一步发现，双方的
观点同时都为真，而且是以大部分可接受的方式。因为就像一
位杰出的建筑师，在有了建造一座宏伟建筑的雄心之后，明智
地考虑了所有必须进入建筑物的东西，同样，宇宙至高无上的
缔造者对一切事物都有着最高的关注，没有什么能逃不过祂
的注意。事实上，祂无上智慧的荣耀是不以其他方式维护的。
这样，对立的观点就可以得到调和，同时保留可敬的作者的
原话：上帝颁布祂的法令，从永恒中观察人类（和其他事物），
只有一个目的，即祂要在考虑了被造的行动者的所有活动（虽
然它们在下令之前就应该被带入现实了），包括非理性事物那
些借物质的机械原理连接起来的盲目的活动，以及理性事物那
些以目的—手段链条的形式联结起来的自发的运动，并形成了
伟大而普遍的创造和眷护计划之后，（通过按照祂最高的完满
性完成对其仁慈的传达）显现祂的荣耀和属性（它们是最值得
荣耀的）。接着，当有人问，在这一可能事物序列中，哪一种 [45]
可能事物应该被命定存在时，这些不同的行动者正被要求在他
们可能被安排于其中的无数的环境中进行选择和行动；所以，
我们可以清楚地知道，在无数的同样可能的其他可能事物序列
中，这一可能事物序列是否应该被选择和命定。因为如果事物
只有某一种序列是可能的，法令就将不是自由的，而是**必然
的**。因此，从某种意义上说，上帝的一切法令都是同时的，甚

至**在逻辑上**（in signorationis），也就是说，根据自然的秩序，也是同时的，而且它们都是相互联系的，任何一个法令都与对其他法令的考虑相联系。在这个意义上，**关于法令的次序的争论就结束了**，因为有一个关于整个序列的法令。还有一个与此相关的问题，尽管不是直接相关，那便是：对那些将要得救的人的拣选（或者，换个说法，对救恩的规定，或对那些使人得救并因此获得得胜恩典的内外部环境的规定）是相对的，还是相反，完全独立于对一个人善的或不那么邪恶的自然品质的考虑。在这一点上，我承认各方之间存在着一些实质性的争议，即使正确理解这一点不会带来实际的不同。它的正确的解决和调解方案是，上帝既然一开始就把一切都安排妥当，就该留意这些品质。但我们不需要解释这些事情，事实上，我们并不完全清楚祂所拥有的理性的伟大之处，因为祂行动的理由包含着整个宇宙的和谐。参见§9b，§9c，§9d。

§2（b）因此，我们似乎是在一个好兆头、甚至最好的预兆下处理眼前的问题的，因为解决方案显然在最基本的问题[即，在§2a中处理的问题]上奏效了(如果我没有弄错的话)。

§3（a）我认为，这个问题取决于对语词的解释，因此正如在其他地方更加广泛地展示的那样，它仅仅是口头上的；即使是现在，从我们接下来要说的话中，这一点也会得到清楚的说明。意愿有不同的等级，有些作者认为，除最高形式外，没有什么是配得上这个名称的，尤其是当它涉及上帝的意志时，那些较低的等级被认为是微不足道的。无论如何，他们只承认最高形式的意愿（既不是在某种条件下也不是在某种限制下颁布的纯粹法令），而这些意愿因此就是"完全的努力"（pleni conatus），它们在上帝那里从未失败过。但实际上，对象的善有许多等级，就像理性存在者对对象的一系列不同类型的**意愿**或倾向也有许多等级一样。因此，较低的等级并不意味着不完满。既然在其他条件相同的情况下，享受基督所带来的恩惠对任何人来说都是实体性的善，所以毫无疑问，存在着某种以确保每个人都能得到这样的结果为目标的序列，而且也存在着某种以这一结果为目标的上帝意志，即使行动的层次和成功的层次受到了神的智慧所考虑到的同时出现的其他考量的影响——对我们来说，这些考量有些显而易见，有些隐而不彰。因为就像在自然事物中，运动产生于它所有倾向的合成——同一可移动的对象在不同的方向上有不同的倾向，仿佛通过一个奇妙的办法，可移动的物体按相同的条件把自身分割成了各个元素，然后在一切努力的中心又重新统一了起来（参见 §32a）——那样，同样，在以最高理性行动的上帝身上，对每一个等级的善都有一种适当倾向，这种倾向决不会被挫败，因为通过倾向的结合，就形成了最好的总的合成效果。这种部分的意志被某些人称作前件意志，而总的法令不无正确地被（这些人）称作**后件意志**，例如，圣若望·达玛森（Saint John Damascene）[1]（尽管他似乎并没有给出这种区别）。因为金口圣若望（Saint John Chrysostom）在他的《以弗所书讲道集》第一章[2]中（即使有可能不是在同一意义上）指出，上帝的第一意愿是，那些

[47]

有罪的人不会灭亡；上帝的第二意愿是，那些变得邪恶的人将会灭亡。这也是奥赫里德的狄奥菲拉克图斯（Theophylactus of Ochrida）对《以弗所书》中同一地方的看法。**3** 参见§32b，§32c。因此，神的所有意愿在某种程度上都是有效的。然而，从绝对的意义上讲，那些复合而成的意愿被称为有效的意愿，或者，如果你更喜欢称之为生效的意愿，即那种毫无例外地、不加节制地决定结果的意愿，也被某些人称作得胜的意愿。参见§26a，§26c，§32a，§40a。

　　§4（a）恩典的帮助要么是有效的（即绝对生效的），要么仅仅是充分的。生效的帮助就是如此这般绝对无误的，但对有效性和绝对无误性的考虑是不同的。有时，帮助由于本身而具有有效性，也就是说，凭借自身的本性而具有有效性。帮助的有效性要么是**完全的**，以致它们不可能被相反的环境所挫败（正如它们在保罗奇迹般的悔改中所表现的那样），要么就是**有条件的**，因为它们事实上没有受到相反的环境的阻碍。相比之下，如果帮助的有效性来自协助环境，那么（正如我所说的那样）它们便**由于偶性**而具有有效性。只有那些由于本身而具有完全有效性的帮助才由于本身而具有**绝对无误性**。其他帮助的绝对无误性来自既不妨碍、通常也不提供协助的环境，因此（正如我所说的那样）它们**由于偶性**（不是就上帝而言，而是就事物而言）而具有绝对无误性。最后，有些帮助是无效的，而仅仅是充分的，因为对于那意愿的人来说，当意愿不足时，便没有结果。在这种意义上理解**充分的恩典**是完全可以接

[49]

120

受的。我更愿意把那些确实推动意志的帮助称为**绝对无误的**有效帮助，而不是**不可抗拒的**有效帮助，这样一来，人的自由就是完整的了，必然性也就不被认为是强加在我们身上的了。也许那些持不同意见的人对这个问题并没有不同的理解。然而，虽然成圣恩典的帮助是一码事，**成圣**本身是完全不同的另一码事，它是**被自由赐予的惯常恩典**，它存在于重生者之中，但仍然是通过帮助来引入的——无论如何，它是被"不可抗拒地"赐予的，就像任何被赐予的东西一样。因为对于这种行为来说，既然一切都已安排妥当，那么还有什么抗拒的东西呢？无论如何，当人处于一种得救重生状态时，它便在他身上成功地起作用，即使他堕落的残余或多或少对它有所抗拒。而当它使人**得享喜乐**时，它［成功地起作用］就会更加确定无疑。但很遗憾，经验表明，并不是在每一次重生中都能找到一种**得胜的喜乐**。奥古斯丁有许多崇高的观点，但在某些地方，这些观点必须通过引用他作品中的其他地方来加以限制和阐述。参见§16a以及 §9d，§34a。

图式

一、帮助

    （一）就意志来说，有效的帮助

        1.绝对无误的有效帮助，也就是，成功或得胜的有效帮助

            （1）通过其自身本性，也就是，仅凭自身

（2）来自环境协助

    i）由于自身，因为有阻碍环境的缺陷

    ii）由于偶性，因为帮助环境

2.容易犯错的有效帮助，也就是，尽管有效但却不成功的帮助

（1）由于自身，也就是，如果它们不会被相反的环境所挫败

（2）由于偶性，也就是，如果它们不会因为帮助环境而失去支持

（二）以意志赞同为条件的充分的帮助

当以某一特定结果为目标的帮助是得胜的帮助时，有关该结果的**法令**便是**纯粹的**。当帮助本身有效但却不成功时，法令就只能是**有条件的**。另一方面，如果帮助由于偶性是有效的，那么所颁布的法令就只能被称作**有条件的**有效法令。另外，纯粹的法令也可以被算作得胜的恩典，即使就其本性而言或由于自身，它不是得胜的恩典。第二个问题，尽管比第一个问题更有实质意义，但也只出现在思想中。

[51]   §5（a）第三个问题可以归结为：是否只有选民处于蒙恩的状态，以及他们是否永远处于蒙恩的状态。的确，有些人就这样说，好像选民在某一时刻悔改之后，无论犯了多么严重的罪，都不会被剥夺恩典。与古代教父们和奥古斯丁本人的全部教义相反，这些人在选民和非选民之间造成了很大的鸿沟，以

致他们认为没有人能真正悔改并拥有无伪的信心，除非他是上帝的选民。以这种新颖的教义，他们得不到圣经的支持，他们觉得圣经与自然和人类的经验相冲突。因此，按照他们的观点，没有真信，也没有短暂的悔改，没有人能够知道他处于一种蒙恩的状态，除非他同时知道他将以这种状态坚守下去。**这个问题**在实践中有一定的意义。参见 §13，§58a，§76c。因此，我并不感到绝望，因为许多人刺耳的言论可以通过温和的解释得到缓和。

§6（a）在第 2 节所引出的三个问题中，第一个问题，也即根本的问题是：上帝在颁布法令时，究竟是只考虑祂自己的荣耀，还是也考虑理性造物的意志。我们指出，必须承认其中一个涉及另一个。而我们最可敬的作者注意到，从这个问题可以很自然地得出四种观点。在这四种观点中，如果有一些错误的话，那么这些错误被认为源于这样一个事实，即理性并没有充分地考虑到神的荣耀或（换个说法）神的完满性。

§7（a）或者，换个说法，行动的完满性。没有什么比这更真实的了。

§7（b）但上帝是在考察了事物的本性之后才颁布法令的。因此，上帝的法令是事物的原因，即使它不是它自身的理由，因为它部分地来自在神的理智中看到的事物的观念。在这个意义上，奥古斯丁在《论三位一体》第 13 章第 15 节 [4] 中指出，上帝并不因为事物存在，才知道它们，而是因为祂知道它们，它们才存在。这要通过神的理智所推动的神的意志的介入来理解。我们同样也应该了解《论三位一体》第 10 章第 6 节，他在这里指出，与神的意志结合在一起的神的知识是事物的原因。

§7（c）关于堕落和所有**道德的恶**的法令必须被理解为是允许的。恶本身并不会使神的意志倾斜，事实上，它不是由上帝的积极运筹产生的，而仅仅是由受造物的有限性所引起的对神的运筹的限制产生的。因此，这种恶的原因不能被归咎于上帝。然而，**惩罚之恶**尽管对那些被惩罚的人来说是坏事，也不是因其本身而被追求的，但总体上讲是好事（虽然只是起到了辅助作用），并且符合正义和智慧。但除非有了恶行，否则它们是不会被命定的。

§7（d）内在的帮助和外在的帮助一样多。

§7（e）确实，那些被诅咒的人是不可宽恕的。第三次阿尔勒公会议宣布，凡是认为失落的人得不到那些可以使其得救的东西——也就是说，即使他希望（因为是合理的）使用提供给他的东西——的都将被革出教门。但说上帝通过祂的帮助只是为了让一个人变得不可宽恕，这种说法就太过冒犯了，尽管这似乎是一些作者轻率而鲁莽的断言。上帝能够而且确实经常给恶人提供帮助，并且所提供的比使他们不可宽恕所必需的多得多。祂已经向我们表明，祂的仁慈将充分地赐予他们。祂没有给予也没有义务给予每一个人那种使意志本身得以坚守下去的帮助。此外，被诅咒者的不可宽恕并不是上帝设定的目的；毋宁说，它是一个条件，没有它，祂不会去诅咒（参见

[53]

§43d），它来自与正义相伴的神恩的经纶。当然，我们必须小心，以免有人说，上帝为了借着祂的正义来显明祂的荣耀，就定要得到祂所当罚的人。我认为，堕落前预定论者自己也厌恶这些观点，即使我们会发现他们有时也使用这些令人不快的语词。

§7（f）这也不一定与前面所说的有关，即那些得救的人总是处于蒙恩的状态，而那些被诅咒的人总是处于有罪的状态。

§7（g）在这个问题上，还没有人提出反对意见。如果上帝不同时考虑事物的本性，祂便不可能考虑祂自己，也不可能把一切事物与祂的完满性的显现联系起来，因为事物的本性是祂在自己的观念中所特有的，并且祂在事物的产生中显现祂自身的属性。因此，这里不能说上帝只考虑祂自己。

§8（a）持第二个观点的这种教义，按照通常合理的理解，是绝对正确的，因为它并没有说上帝积极地意愿罪，或祂除在预设或预见到了罪和缺乏自我克制基础上意愿诅咒之外，以任何方式意愿诅咒。勃兰登堡和黑森的神学家们在 1630 年莱比锡研讨会上提出了同样的教义。多特总会和改革宗所有教派都很支持它。 [55]

§8（b）（然而，这不是简单地归罪于人，而是实实在在地对全人类的腐化。）

§8（c）我承认是祂促成了这一切，即并不是所有人都能借由完全的法令或得胜的意志得救。尽管如此，我们仍可以正确地说，借由一定的序列，同时借由一定程度的对意志的运用，通过某些运筹，上帝竭力要叫众人得救，并叫基督为众人而死。这对他们称之为堕落后预定论者的那些人的假设有何损害，这一点并不明显。

§8（d）这种说法没问题，但前提是，积极的行为（即改变某物的行为）与行为消极的一面（使某物处于先前的状态）相对。

§8（e）没有那种出于纯粹法令或总是得胜的法令的完全意愿。如果这样解释，就没有什么异议了。凡是只承认完全意愿的人，都只会为言语而争吵。

§9（a）在这里，我们可以将普救派区分为三种：改革宗、福音派和抗辩派，杰出的译者就它们在序言中提供了一些资料。但现在看来，这种区分似乎是从事物的根据出发来进行的。无论怎样，绝对法令甚至不仅以假设的方式，而且以绝对的方式与普救论相容，关于这一点，这里有一些讨论。

§9（b）持第三种观点的这种教义，按照通常合理的理解，也是绝对正确的。在这一派中，有些人简单地说：上帝拣选了那些末后必信的人；而如果人们认为这种信心是上帝的恩赐，那么这一点也可以得到辩护。然而，问题并没有以这种方式得到解决，而只是被搁置了。因为，人们不禁要问，为什么上帝在祂预见到最终救赎将随之而来的环境下命定赐予一个人而不是另一个人以信心，或赐予一个人而不是另一个人以帮助。因为不能否定的是，要么就是神普遍的帮助赐予所有人，要么就是，除此之外，特殊的帮助赐予那些已经确定相信的人。无论你认为神恩的帮助是每一个人所共有的，还是认为还有更多的特殊的帮助，都不能否认人类至少是根据环境来区分的——他们基于环境提出了他们的异议，也就是说，同样的帮助在一个人身上成功，但在另一个人身上却无效。无论如何，人类是根据环境来区分的，因为他们的行为是由环境偶然引起的，因此同样普遍的帮助在一个人身上取得了成功，在另一个人身上却没有成功。举个例子，假设有两个年幼的兄弟，其中一个被带到土耳其去当奴隶，失去了信心，而另一个在家里接受了尽职尽责的教育，养成了应有的永活的信心，得救了。既然这样，在分赐救恩的外在途径时，即使是福音派也承认人们不能向上帝开出一般的规则，他们也承认我们必须回到"神的智慧的深处"。**5** 因为（举例来说）谁敢说所有那些被扔进不利的环境中灭亡的人会在更加有利的环境中灭亡呢？尤其是考虑到基督雄辩地说过，推罗人、西顿人和所多玛人会比加利利的居民更遵从祂的预言；**6** 或者，我们当中有谁敢断言，在美洲灭亡的野蛮人中，没有一个人能通过为我们所特有的某种教育而得救。另参见 §27d。因此，即使这种"不让蒙拣选得救恩取决于所预见到的信心"的教义似乎更容易让人接受，然而，这种信心本身内在和外在的条件和帮助都取决于神的选择，而我们不能为"外在的条件和帮助在一切情况下都是平等的"这一断言辩护；如果有人认为（相反）赐人信心的法令不由拣选的法令来决定，而又有人像奥古斯丁一样认为，只要赐人救恩的旨

[57]

127

意先于赐人信心的旨意，拣选便不是发现了信心，而是产生了信心，那么拣选的充足理由便无法通过诉诸信心来确定。因为如果一个理由需要新的理由，那么前一个理由便不是充足的。因此，正如约翰·穆索乌斯在他的作品（Johannes Musaeus,（*Dist. de Decreto Electionis*）thes. 276）中所指出的那样，[7]"协同信条"的作者们，[8] 在一份坚实可靠的宣言（第9条）中正确地将整个救赎问题，即救赎和救赎的所有必要条件，都纳入了一次拣选之中。"协同信条"雄辩地表达了我们教会的法令，它说：

> 上帝也已经命定，借着祂的圣灵，祂要在我们里面起效，或换言之，祂要叫我们真正悔改，并用真信来照亮我们。

[59] 因此，在拣选中，既有赐人信心的法令，又有赐人救恩的法令。争论上帝首先意欲，或更确切地说，意愿这个人得救，还是这个人是信实的，对我们的实践没有明显的益处。我们这一派的那些人并不否认至少在特殊情况下上帝赐予了特殊的帮助，并列举了保罗悔改和其他类似的例子来支持这一点。约翰·胡尔斯曼（Johann Hulsemann）在我们这一派那些参与这场争论的人当中比一般人要更加深刻，他在《简要神学》[9] 一书中表达了这样一个观点，即通常情况下，一个追求较低等级的恩典的人是不会得到较高等级的恩典的；所以最终，那真悔

改的人必领受更大的恩典。因为（正如第 15 章所说）这法令的次序是上帝所命定的，祂不愿给那些顽固拒绝最初恩典的人更高等级的、更大的恩典（《马太福音》第 18 章第 12 节，第 25 章第 29 节；《路加福音》第 19 章第 25 节）；在这种意义上，奥古斯丁不无正确地指出，有一种特殊类型的恩典，它作为获得救赎的一种途径，是上帝为选民准备的，那是上帝因此（或借着报复）公正地拒绝赐给那些弃绝其最初恩典的人的一种察觉不到的恩典，甚至是一种更大的恩典。即使一个人可以承认恩典经常以这种方式运作，但我仍然不知道，上帝的恒久忍耐是否能以一种通常会打开我们心灵大门的普通规则的形式展现出来；甚至上帝有可能同时赐予不同等级的恩典。最后，如果你要区分超自然的内在恩典与自然的外在帮助，就我而言，我看不出为什么不能为这一点辩护，即前者通常在所有情况下都是平等的，人是根据其自然构成和对救恩的外在途径的适当分赐来区分的。但是，为这条或其他规则辩护要比修正它容易得多，因为这条规则在考虑到近乎无穷的原因和环境的情况下使整个问题变清楚明白了，这样，上帝意志的完全的正义和完满的善也就得以完整地保持了下来。

§9（c）我确信，谁善用自己的自由，谁就能得救；的确，那被诅咒的人没有善用自己的自由。但是，如果这里的意思是，上帝只赐予与对自然的自由选择的使用成比例的恩典，那就说得有些过分了，就好像上帝只考虑这点东西似的。因为其他的暂且不说，我们还会得出这样的结论，即长期善用自己自由选择的人总能得救，反之，一个长期过得很好的人可能会由于上帝的秘密审判而最终落入叛教的境地。

[61] §9（d）毫无疑问，我们必须承认，上帝有条件地预见到一个人如果得到某些帮助便会如何使用自己的自由选择；祂依靠这方面的知识，以及所有其他方面的知识，做出了从救恩的角度对人类进行划分的决定。但是，我们没有必要因此同意那些认为只有这种考虑才对上帝有约束力的人，尽管这种考虑可能经常在上帝那里占上风。因为，上帝的最终目标是使运筹臻于完满，并且有时候，纠正最坏的就是最好的。其实，我们都一致认为，我们有时可以举一个例子来证明上帝软化了最坚硬的心，使保罗从他所蒙的怜悯中知道我们不应该对任何人感到绝望。而那些以我们的方式看待这一点的人，正确而毫无困难地发现，人们缺乏恩典的效果的原因是他们自己的抗拒。但他们认为没有必要补充说，抗拒越大，恩典的效果就越小。因为有时（我认为不太经常），在抗拒被压倒之前，越丰富的恩典就会充满越多的恶意。因此，上帝并没有把自己束缚在对更好地或不那么邪恶地使用我们自然的自由选择的预知上，但是祂把更好地使用我们的自由选择的理由看得很重要。因此，祂偏爱一个人，不是因为他更好或不那么邪恶，而是因为事物的普遍分工和更好的组合要求这样。因为一般来说，每个人都同样堕落，都同样对善无动于衷。然而，尽管它们在堕落方面是平等的，但在倾向的多样性方面却不同，因此，有些人在某些情况下不那么抗拒，而另一些人在其他不同的情况下不那么

130

抗拒。一个人被置于有利的环境中，这也不是神恩的一小部分。此外，神关于救恩的法令的经纶决定了它不能被归结为一般的规则。因此，神的帮助并不总是凭它们自身本性的力量而得胜；事实上，它们并不总是由于自身而有效，而往往只是**由于偶性**而有效，如果我可以这样说的话，也就是，它们是通过环境获得效果的。虽然我们可以从另一种意义上说，对上帝而言，也就是，对神的旨意而言，任何东西都不会**由于偶性**而发生。参见 §34a。但当上帝让祂的帮助适应环境时，可以说，祂就会以更小的努力和成本达到所寻求的目标。祂所做的就是智者通常所做的，如果祂能把同样的东西用于不同的目的，并能凭借不同的或并存的帮助获得效果，祂便更喜欢这样做，而不是为每一个运筹分配由于本身而有效的特殊原因。我们从自动机的建造者的例子就可以清楚地看到这一点。然而，祂有时乐意提供一些由于本身而有效的特殊原因，事实上，很少有根本无法被抗拒的原因，也就是说，很少有不能被任何相反的力所破坏的原因。而在大多数情况下，只要这种权柄在使用时通过环境来起作用，使环境的安排不会妨碍结果，这就足够了。

[63]

§9（e）充分的，而不是有效的。

§9（f）但仅靠人的力量无法做出这种选择。因为行善的意志也需要神的帮助。而且，正如前面所说，神在命定为自然选择提供这种帮助时，某种程度上也考虑到了其他所有环境的创立。

§10（a）这一教义不能以任何方式进行辩护，因为它破坏了神的全知、全能、独立以及事物对上帝的依赖。无疑，这样做不会使上帝的智慧得着称赞，反倒把上帝塑造成了一个只活在当下的、只在对事件做出反应时才采取计划的、玩忽职守的人的形象。

§11（a）的确，这一争论在很大程度上与哲学或自然神学有关。

§11（b）应该说这两种情况都发生了。令人惊讶的是，人们还没有充分习惯于考虑事物之间的相互依赖。上帝通过祂的运筹协助一切实在和善，祂通过祂的意志意欲这些东西。因此，祂甚至协助意志的决定。与此同时，祂的旨意顺应意志的可预见的活动，也顺应所有其他事物，甚至是无生命的事物。但这并不是受事物的支配，除非有人认为一个有智慧或有权势的人不应该遵循理性，或认为这样做是一种奴役。

§11（c）如果命运意味着确定性，那么一切事物便都包含在命运之中；如果它意味着绝对必然性，那么唯有永恒的真理服从于命运。因此，在前一个意义上，严格讲，意志并不服从于命运，而是包含在命运之中，它们为自己带来了命运，就像上帝为整体带来了命运一样。因此，从这个意义上说，命运是一个由那些至少**从可能性的方面**来看有时以关于被造意志的法令为前提的神的命运或法令组成的复合体。

§11（d）事物的序列是确定的，但由于我们必须保留偶然性和自由，所以不是必然的。但上帝是这一伟大序列的创造者，所以这与无神论相去甚远。参见 §14c，§14d。

§11（e）所有实体都有偶然性和某种自发性，但只有理智实体才有自由。然而，只要事物自然地进行，物质世界的一切就都是通过一连串的运动发生的，但它们从一开始便在上帝的安排下顺应心灵，并注定要达到道德目的，正如心灵中的一切都通过由上帝引向精神目的的一连串的直接知觉和欲望自然而然地发生一样；当它们截然不同，并通过推理而产生时，它们便构成了手段与目的的联系。物质的运动不会扰乱心灵中自然的知觉序列，不会扰乱思维的法则，也不会扰乱意愿的自由；心灵的思想或意愿也不会扰乱自然预先设定的物质运动规律。然而，身体与灵魂的统一表明序列彼此之间是一致的，这是上帝从一开始就预定的，这样它们就能按照它们自身的法则适时地彼此顺应。因此，这一体系被归结为所谓的预定和谐，而通过预定和谐，一切事物——包括神的旨意和人的心灵——的真理，都通过其自身法则的不可征服性，得到了清晰的阐明。圣希拉流（Saint Hilary）[10] 在《论三位一体》第 9 卷中不无正确地写道，上帝在灵魂诞生的最初阶段就看透了它未来所有的思考，我想这是奥利金（Origen）[11] 在他关于《创世纪》的作品中的观点——他的话也出现在了尤西比乌 [12] 的《福音的预备》（Eusebius, *Preap. Evang*）中。所以，人确实通过一种**倾向性的**而不是**强制性的联**系，为他所有的行动提供了一种原则。因此，人不仅自己有这样的原则，而且还有**支配权**，这种支配权不会因为我们选择了那些我们认为最好的事物而被破坏，相反，它会因此而被实现。

[65]

§11（f）这一序列是固定不变的，但不是绝对固定不变，而是以神的预见和预定为前提。它可以改变，但不会改变，因为上帝在创造它之前就已经预见到了所有可能最终支持或反对改变的理由。所以，一切就这样被确定地预定了。

§11（g）所以说，法利赛人在这件事上是明智的。《库萨里》（*Liber Cosri*）**13** 以及其他地方都对后来的犹太人做了充分的考虑。

§11（h）人们习惯于在某些问题上比在其他问题上更诉诸于伊斯兰教的命运。如果你建议这些人关注健康，即使他们仍然健康，他们也会回答说他们的死期早已确定。在战争中，在走进婚姻时，在日常生活的其他选择上，他们常常不愿对复杂的事情进行更费力的慎思，而是把事情交给天命和运气来决定。他们会很容易陷入迷信，寻求预兆和占卜的技巧；他们的[67]无知和疏忽助长了这种古人称之为**懒惰的论调**。举例来说，如果我的死亡被预见到了，或者哪一天死是注定的了，那么无论我做或不做什么，我都会在那天死去。对这个问题的回答是：你肯定会在确定的那一天死去，但这并非与你做或不做什么无关。因为你会做那些让你走向那命中注定的一天的事情。如果你愿意做其他的事情，那就是另一码事了，而当这种情况发生时，为你所预定的便是更遥远的一天。毫无疑问，如果这种懒惰的推理是正确的，那就太让人受不了；因为如果恶同样被确定，那么无论我们做了什么或没有做什么，我们都既不需要也不能够提防一头栽倒或类似的明显的危险。这种诡辩只会掩盖人们在琐碎或模糊的事情上的懒惰，或者在那些我们应该与情感作斗争的情况下的懒惰；因为任何一个神智健全的人，在一头扎进一桩大恶时，只要不费劲，都会因为一种淹没了所有其他情感的恐惧而退却。

§12（a）诚然，我们的灵魂在起源上是不同的，所以它们不可能彼此相同，也不可能仅仅通过肉体来区别：因为一般来说，当实体在号数上有差异时，它们本身必然有个体差异。不用说，它们在高贵程度上和起源上是不同的。

§12（b）不管人们怎么说奥利金，他的观点可能是针对更高的抽象的层面。[14] 即使我承认所有的灵魂本身对至善都同等漠然，但这并不意味着它们对其他类型的善恶也持漠然态度。所以，决心救赎将取决于其余的环境。我认为，"由于本身"适用于那些依赖于种概念而不是专有的个体概念的东西。或者，换言之，它适用于那种依赖于可解释事物的东西，而不适用于那些依赖于包含在单一事物的概念里的无限事物的东西。因为无限事物被认为是"由于偶性"而聚在一起的，也就是说，来自环境，是一种亚里士多德式的无限和物质［的纯粹潜能］；没有什么是不确定的。参见 §27d。

§12（c）严格说来，可以肯定的是，任一行为都不会受到惩罚，除非它是自由的。而同样可以肯定的是，并非所有善的和恶的、精神的和世俗的事物都是仅凭自由选择而带给我们的。这并不总是由奔跑或意愿决定。[15] 参见 §50a。

§12（d）说"顺应于"比说"受制于"更好。

§12（e）我们从阿基坦的圣普罗斯佩（Saint Prosper of
Aquataine）[16] 和其他人那里知道，有些人滥用奥古斯丁的名字
和教义，并且广泛地背离它，为"预定论"[17] 这一异端邪说辩
护，雅各·瑟蒙（Jacques Sirmond）这位杰出人物也充分认识到
了这一点。他以"被预定者"（Praedestinati）为标题出版了一位
老作者的作品，以对抗这种异端邪说。然而，另一方也有一些
人，他们并不认为这是异端邪说，而是认为这只不过是以令人
讨厌的敌手——比如，詹姆斯·乌瑟（James Ussher）[18]、康
内留斯·詹森（Cornelius Jansen）[19]，以及其他杰出人物——
的名义被提出的奥古斯丁的教义。因为即使是最近的一些人也
被认为在这个问题上说话不谨慎，所以我看不出为什么不能有
这样一些人，他们从斯多葛派和摩尼教那里汲取了一些东西，
否定自由，并认为上帝横施淫威，而这将把意志置于理性之
前，甚至使上帝成为恶的创造者。不仅包括预定下的拣选，还
包括预定下的弃绝，这些东西都不足以算作预定论的异端邪说。
因为只要我们承认定罪并不先于对过失的考虑，这种争论多半
就只是名称之争。奥古斯丁、普罗斯佩[20]、傅箴修[21] 和当时教
会的其他人，以及后来在很多地方都支持高查克（Gottschalk）
的里昂教会，都把预定当成一个属，其种是拣选和弃绝。然
而，在许多虔诚而谨慎的神学家看来，更适合的形式和更恰当
的说法是，只把预定运用于生命（就像英国国教信纲中的这一
段所作的那样），只把选民称作"被预定的"，而把弃民称作"被
预见的"。在那被预定的人身上，预定论在考虑属灵事物的功

[69]

过之前，就在灵魂中植入了某种东西。因此，它更适用于那些选民，他们的善行——他们通过善行而得救——被认为是神的恩典和决心。而弃绝是基于人的堕落，所以弃民更应该被称作**被后定的**（postdestinatus）。在不止一个地方，奥古斯丁本人只接受了对选民的预定，就像他说的那样：人们寻求预定的原因，但没有找到，而寻求定罪的原因，确实找到了。正如他所说，拣选是自由的，而弃绝是应得的。而只要观点是正确的，我们在用词上就可以轻松自如。

§13（a）然而，在这个问题上，还不能说所有的堕落后预定论者都背离了奥古斯丁；也许有人认为，其中有些人可以在这一点上与他达成和解，因为正如奥古斯丁不无正确地看到的那样，这比整个争论中其他问题都更能影响行为。参见§5。

§13（b）奥古斯丁在很多地方都赞成基督之死的普救性。 [71]

§14（a）我不确定高查克是否夸大了某些东西，并且如我所说，倾向于关于预定的异端邪说，某些主教为此武装起来反对他。确实，其中反对他的第一个人就是美因茨大主教拉班努斯·毛鲁斯（Rabanus Maurus）[22]，他反对高查克的作品至今仍然还在。今天，这个问题则更是晦暗不明；乌瑟坚定地支持高查克，而瑟蒙[23]则反对他；这两个人都很出色，也得到了公正的对待，吉尔伯特·莫甘（Gilbert Mauguin）[24]接替了前者，路易·塞洛（Louis Cellot）[25]接替了后者。在我们这个时代，这个问题仍然悬而未决也不奇怪，因为洛泰尔

（Lothar）的王国的主教们在高查克在世时都支持他，但他也有一些对手，他们就生活在洛泰尔的兄弟路易（Louis）和查理（Charles）的王国。**26** 然而，洛泰尔皇帝与他的兄弟们关系并不好。毫无疑问，当共和国处于和平状态时，教会更容易保持和谐。因此，上天已注定，在罗马帝国被野蛮人撕裂之前，基督教的信条应由大公会议确立。

§14（b）以其他经院哲学家为例。因为这个教义早在托马斯之前就已经存在，并且如果我没弄错的话，整个经院哲学都为之辩护，不过，圣普尔森的威廉·杜兰德（William Durandus de Saint-Pourçain）**27** 以及少数几个人除外，尽管杜兰德似乎承认至少上帝普遍协助单个行为。早在 14 世纪，托马斯·布雷德沃丁（Thomas Bradwardine）**28** 就在"物理预定"的倡导者之前报告说，巴黎主教艾蒂安·唐皮耶（Etienne Tempier）**29** 否定了以下命题："第二因有一种活动，它不是来自第一因"；"当第一因停止（协同作用）时，第二因并没有停止起作用"。

§14（c）这是为了让我们明白，善行或恶行中任何绝对的实在性或完满性都来自上帝，事物之间以这样一种方式联系在一起，即未来的事物并不是**必然地**产生于过去的事物，而只是**确定地**产生于过去的事物。

§14（d）同样，当我们对来自同一时间假定和预设的序列的**假设的必然性**与在自由的情况下总是不存在的**绝对的必然性**加以区分时，问题又出现了。在慎重思考的心灵（在考虑目的与手段时是不变的）中，原因之间的联系并不是**强制性的**，而是**倾向性的**。因此，在这两个问题上，我们完全不同意布雷德沃丁的观点，正如胡果·格劳秀斯（Hugo Grotius）**30**所言，布雷德沃丁的手就像以实玛利的手**31**（被明显的必然性所打动）一样，反对所有的人，因为在我看来，他并没有在与安瑟伦、伦巴第、托马斯以及其他重要经院哲学家的斗争中表现得犹豫不决。我猜想，他的权威和教义激励了约翰·威克里夫（John Wyclif），**32**不久之后，他甚至更加严厉地教导说，一切的发生都是出于必然；这种信条，或更确切地说，这种说法，传播到了其他与罗马政权敌对的地方，但却遭到了审慎的饱学之士的压制。托马斯在《论真理》（*De veritate* q. 23, a.5）中不无正确地指出："这些事是可共存的，即上帝命这个人得救，而这个人有可能被诅咒。但这些事是不可共存的，即上帝命这个人得救，而这个人却被诅咒。"**33**"绝对地"和"在分开的意义上"讲，确定的事情有可能不会发生。舍尔泽**34**（参见 Johann Adam Scherzer, *Contra Calvinian*, disp. 5）在为中间知识辩护时不无正确地认识到，并不是所有绝对无误的东西都是必然的。

[73]

§14（e）这个教义，即罪是一种缺失，也来自奥古斯丁，我们不应该拒绝它，参见 §56b、§56d、§57a。

§14（f）多勒的路易斯（Louis of Dole）神父这位嘉布遣会修士在他唯一的著作中为杜兰德进行了辩护。**35**法国人弗朗索瓦·贝尼尔（François Bernier）**36**最近做了同样的事，他在自己的书中也为［杜兰德的］那些支持者进行了辩护。在我看来，他们都没有恰如其分地把这个问题解释清楚；西奥菲勒斯·雷诺德（Theophilus Raynauld）对路易斯神父进行了批评。[37]

§15（a）枢机主教托马索·卡耶坦（Thomas de Vio Cajetan）[38] 和圣宫的神学大师许勒威斯特·普利艾利阿斯（Sylvester Prierasa, O.P.）[39] 都是托马斯主义者。路德不时地攻击托马斯主义者：因为他自己是唯名论的信徒，而托马斯主义者首先被认为是唯实论者，司各脱派当然也是唯实论者，但更为极端。然而，在这个问题上，路德的大多数对手也反对托马斯。在莱比锡的辩论中，路德宣称他追随里米尼的格里高利（Gregory of Rimini），[40] 后者是与路德来自同一修会的奥古斯丁派成员，是他的总会长，也是奥古斯丁教派中最激进的**唯名论者**；路德本人，以及加布里埃尔·比力（Gabriel Biel）[41] 之后为数不少的德国神学家也是唯名论者。

§15（b）从弗朗索瓦·瓦加斯（François Vargas）的书信可以清楚地看出，[42] 他们在与鲁汶大学的迈克尔·贝厄斯[43]——由于他写得有些严厉，罗马当局后来强迫他放弃自己的教义——争论之前，同样也与鲁汶大学的权威神学家们发生了争论。

§15（c）但是，参加特伦托会议的耶稣会总会长雅克·莱捏慈（Jacques Lainez）[44] 被认为倾向于那些反对奥古斯丁的人的立场。而正如我们在亚当·坦纳的神学著作（Adam Tanner, *De gratia*, disp. 6）中所看到的那样，即使后来身为耶稣

会总会长的阿夸维瓦的克劳狄（Claudius Aquaviva）**45**，也许 [75]

是担心如果他们因为他而与奥古斯丁和圣托马斯的观点大不

相同，修会会受到伤害，他想通过 1613 年 12 月 24 日颁布的

法令来限制发表意见的自由；**46** 但是当局的限制一经被打破

（当人们充分认识到保罗五世的宽宏大度的时候），**47** 许多人

在奥古斯丁之前就已信奉的最古老的关于**分别拣选**（electione

respectiva）的观点便占据了上风。然而，稍早前，来自同一

修会并从严厉的奥古斯丁转向其他派别的阿方索·萨马伦（Al-

fonsus Salmeron）**48**和路易斯·莫利纳，都采纳了安布罗斯·卡

塔林（Ambrosius Catharinus）**49** 和阿尔伯特·彼济乌（Albertus

Pighius）**50** 在已发表的著作中提出的观点，即天国之外没有

受洗和没有本罪的孩童天生得福佑，这一观点也并非完全不存

在于上述作者已发表的著作中（甚至这一观点之前曾遭到贝拉

明的反对）。萨马伦在他对《罗马书》所作的评论 **51** 中提到

了这一观点，莫利纳在《自由意志与恩宠的统一》（*Concordia*

gratiae et liberi）中也提到了它。

§16（a）我们可以认为**单纯心智**的知识包括**中间**知识。

因为可能事物的知识涉及它们之间的联系（因此它包括当一个

事物被假定在活动时将发生的事情），而这些联系不仅包括必

然联系，也包括偶然联系，即那些仅仅有倾向性的联系，因为

这样一种因果序列并不妨碍自由。然而，没有什么能够阻止这

部分神圣知识被称作**中间**知识，也就是，介于必然事物的知识

与偶然的现实事物的知识（**直观**的知识）之间的知识。令人惊奇的是，某些博学的反对这一教义的人竟否认未来有条件的事物有确定的真理性。因为我们必须（无需任何"带倾向性的解释"）要么认为关于这类问题的这些命题是不可理解的，要么认为这些矛盾命题中有一个是真的。此外，伯拉纠主义的信徒长期滥用这种知识，但这无关紧要。我们可以从圣经中找到一些上帝谈论有条件的偶然事物的例子，比如，《创世纪》第 11 章第 6 节、《出埃及记》第 34 章第 16 节、《申命记》第 7 章第 3 节和第 4 节、《撒母耳记上》第 23 章第 12 节、《列王记上》第 11 章第 2 节、《列王记下》第 2 章第 10 节和第 13 章第 19 节、《以西结书》第 2 章第 16 节、《马太福音》第 26 章第 53 节。另一方面，假如我们相信莫利纳大约完成于 1570 年的作品，那么**物理预定**的说法，即晚近的托马斯主义者的教义，比**中间知识**的说法早了近二十年。因为莫利纳在他的作品中说道："二十年前，西班牙的权威神学家们写了一些文章，当时他们还没有找到另外的办法使上帝对未来偶然事物有最确切的知识，就把祂的预定附在了特殊的自由行动上。"但由于莫利纳认为这样会破坏自由，他与佩德罗·丰塞卡（Pedro da Fonseca）提出了中间知识的观点。**52** 因此，很明显，他想围绕自由建立他的体系，而其他派别则想围绕先见建立他们的体系。这也就引发了多明我会士与耶稣会士在神学上的辩论。相比之下，考虑到从所有可能的宇宙中一次性选出的现实宇宙的整个序列，我不知道还有什么方法比我们所讨论的方法更好。

[77]

因此，事实情况是，正是由于上帝对祂所选择的事物有自己的认识，绝对无误性得以确立了起来，同样，也正是通过上帝在可能事物的本性中发现祂自身的方式，预见和帮助人的那种自由才得以确立了起来。不管怎样，我们认为，杜兰德的下列观点最为真实，也最为隐晦，他指出，即使未来偶然事物也可以根据它们的原因而被确定地知道，而且由于一切事物都是已知的，它要么推动意志，要么排斥意志，因此一个全知的存在者就会知道它将走向何方。**53** 毫无疑问，只要我们知道我们所讨论的决定是倾向性的，而不是强制性的，那么在这种情况下，就像在其他情况下一样，决定（或**客观确定性**）就应该与**必然**区别开来——针对卡耶坦，安布罗斯·卡塔林在《论预知与天意》中对这一观点进行了拙劣的反驳（参见§74和§11e）。**54** 不过，即便上帝从事件的原因中看到了事件，并由此知晓了事物之间的所有联系，但毫无疑问，从另一方面（也就是，同一时间看到的整个可能的序列）来看，祂在理性同一预兆下平等地看到了事件和它们的原因。此外，我们应该担忧"**物理预定**对预知偶然事物来说是必要的"这一教义（超出了"完满性从上帝流溢到受造物"的教义），就像担忧那种同样捍卫一种完满的、现实的、由于自身而得胜的内在恩典的人的主张一样。此外，我们必须注意到特伦托会议之后产生的一些观念的新颖之处。我指的是整个"物理预定对预知偶然事物来说是必要的"这一教义，以及关于某种一劳永逸地得到承认并由于自身而得胜的、完全个别的帮助的主张。尽管就新颖而言，这并不比"中间知识"这一术语及其相当突出的用途逊色。奥古斯丁和托马斯似乎一直在寻找那种使人在各种内在和外在的帮助——它们都是上帝根据人和环境的转变来安排的，这样就可以确定效果会随之而来——的协助下悔改的恩典的效力。托马斯的《论真理》问题6第8条（*De veritate* q. 6, art. 8）**55** 值得一读。这一意义上的"帮助"应该与"成圣的恩典"区别开来，后者由于被给定，所以它由于本身而有效，而且它得胜是不可抗拒的，因为所有的障碍都被消除了。一般来说，所有这种意义上的恩典的注入，即质或形式的自然引入，是不可抗拒，无疑这里的不可抗拒是有前提的，因为这种恩典的注入取决于主体本身的状态，至少就一个人已经准备就绪而言是如此。参见§4a。

[79]

§16（b）在恩典的帮助的问题上。

§17（a）在他死后，主要是在利贝尔·弗洛蒙的努力下，它最终面世。**56**

§17（b）即 *Alexandri Patricii Armacani Mars Gallicus*，詹森的这本小册子包含着雄辩而杰出的教义。**57**

§17（c）詹森派（他们所谈到的）否认英诺森十世 **58** 所谴责的五个信条可以在詹森的书中找到，他们补充说，这些信条在詹森的书中肯定找不到，因为詹森通常依赖于奥古斯丁的说法，而这位教皇并不想谴责这些说法。问题几乎完全在于如何理解"可能"和"必然"这两个词或它们的对立面（也就是，它们是以一种双方达成一致的意思来理解的，还是以一种双方未达成一致的意思来理解的）：因此，逻辑学的模态学说依赖于神学。参见 §35b。

§17（d）双方都关心由于本身而有效的或得胜的恩典，也都关心绝对的或无缘无故的拣选。

§17（e）英诺森十二世[59]希望从一种**显而易见的意思上**抨击那些受谴责的信条。所以，那些信奉奥古斯丁和圣托马斯的教义的人认为，除非在一种勉强得出的意思上，否则那些受谴责的信条与罗马无法调和。但这种意思并非对所有人来说都显而易见。

§18（a）在克雷芒九世[60]的调解下，克雷芒十世[61]随后公开支持阿尔诺，阿尔诺本身是一个出类拔萃的人物，尽管他在某些场合比较苛刻。英诺森十一世[62]在这件事上遵循了他那值得称道的榜样。尽管英诺森十一世偏爱塞莱斯蒂诺·斯丰德拉特（Celestino Sfondratus），[63]但他也不是不知道，这个人持完全不同的观点，并且作为罗马教会的枢机主教，他远远超越了莫利纳，在身后留下了一本名为《预定论难题的解决》的著作，该书的出版商写道，在罗马，教皇英诺森十二世把这本书推荐给了枢机主教季安·弗朗西斯科·阿尔巴克尼（Giovanni Francesco Albani），[64]即那时的令状文书，现在的教皇克雷芒十一世。托斯卡纳的大公和枢机主教莱安德罗·科洛雷多（Leandro Colloredo）[65]得到了这本书的一个版本（出版商告诉我们的）。此外，枢机主教会议判定这本书的作者有资格就这个问题进行自由写作，这是一个不轻易给予的许可；

145

因此，权威神学家们，甚至作为圣宫的神学大师的多明我会士伯纳迪诺（Bernardinus），**66** 都赞成这种做法：所以，你瞧，[81] 罗马坚决支持这种思想自由。然而，其后我们就会清楚地看到，这部遗作某些过分的地方是不受欢迎的，比如，那些没有犯过罪而死去的天真无邪的孩童所获得的自然的幸福（在他看来）超过了悔改的罪人所获得的超自然的幸福；一个人不会因**对**上帝**的无知**而犯致命的罪。与此同时，法国的五名高级教士写信给英诺森十二世，强烈反对斯丰德拉特，他们承认他们并不谴责那种使小孩免于受合理惩罚的教义，因为众所周知，托马斯·阿奎那和其他杰出人物都喜欢这种教义：但是，这些神学家以及其他许多法国神学家如今似乎更加倾向于奥古斯丁更加严格的观点，或倾向于格里高利·阿里米那（Gregory Arminiensis）的观点，后者在世时在这方面有少数追随者，他被称作"摧残婴儿者"。此外，特伦托会议的教父们也不赞成他的教义：只是出于对奥古斯丁的尊敬，他的教义才没有受到谴责——从保罗·萨尔皮（Paul Sarpi）**67** 的那部历史著作中可以看出这一点。最后，在"中国事件"上，罗马比巴黎大学的一些教授表现得更加温和，因此没有因无神论（由于缺乏知识所造成的）而谴责一个伟大的民族，而是〔仅仅〕谴责了其从古至今所接受的偶像崇拜。**68**

§18（b）最近，由于某些被迫流放或放弃其观点的法国权威神学家的反应，在这个问题上的冲突再次激烈地爆发了。随后，在比利时，罗马一方的人之间发生了激烈的争辩，结

果，大主教塞巴斯蒂安（Sebastensis）虽然是个好人，但由于
被怀疑是詹森派教徒，被免去了宗座代牧的职务：事情就这样
开始了，因此联邦各阶层（尽管在神圣事务上有不同的意见）
被迫强制推行一种权威。最后，克雷芒十一世，用他所能说出
的和所能下达的最有力的言辞，确认了英诺森十世、亚历山大
七世和英诺森十二世等他的前任们的法令，即詹森所理解的主
张不仅在表面上被认作是该受谴责的，而且在内心也被认为是
该受谴责的。

§19（a）福音派改革者并不总是抵制宗教宽容。所以，
虽然我不能就梅兰希顿 **69** 及其追随者说些什么，但黑尔姆施
泰特人，当然，还有哥尼斯堡人、林特尔恩人，以及我们改
革宗中的其他人却都认为这种观点只应受到最低限度的谴责；
此外，在出身于布伦瑞克王室的神学家格奥尔格·卡利克斯
特 **70** 和康拉德·霍内乌斯（Conrad Horneius）**71**（他们的权
威和教义被其他许多人所遵循）等特别杰出的人物的领导下，
他们与改革宗在关于基督的位格的信条上迥然不同。然而，这 [83]
些人并不想把任何真心承认真实临在的人排除在圣餐之外，即
使他们不承认这种临在应该被称为道德的或肉身的。许多撒克
逊人和其他人则更加严厉地审判了那些被认为信奉改革宗教义
（尤其是与预定有关的教义）以及应受谴责并妨碍宗教宽容的
观点的人。他们通常不是用改革宗所共有的雄辩的教义，而是
用从这些教义所推导出的结论和争论来强化这种谴责，而如果
我没有弄错的话，改革宗可以在保持他们自身教义完整的情况

下避免这些结论和争论。从这一点可以清楚地看出，在这个问题上，我们福音派还没有达成足够的共识，但我们仍有希望看到，即使是那些更严格、更谨慎、更有思想的神学家也会因改革宗对他们的教义所做的明晰的、直接的和适当的阐释而感到满意。改革宗真正提出的教义是明确的、真诚的和适当的。

§19（b）多特会议根据堕落后预定论者的原则以及很大程度上根据奥古斯丁本身的原则解释了这个问题，即使它没有判决应该在堕落前预定论者身上打上一个烙印。

§20（a）这并不是说阿民念在五大信条中所教授的内容有原则性的错误，而是说那些以这种方式教授的人似乎不能负责改革宗的教会和学校，尤其是在阿民念的许多信徒声称他们自己的其他观点有索齐尼主义的嫌疑的情况下。不管怎么说，不久前，抗辩派即使不放弃那种观点，也被允许加入改革宗的教会了，这显然是件好事。

§21（a）因为英国国教的这些信条为这两种教义留出了空间。第17条（涉及这一论点）只谈到了预定"得生"。它确实说"选民"蒙感召并"得称为义"，但它并**没有**说"**只有那些人**"。它引出了神的"应许"，就像它们在圣经中"通常"向我们提出的那样，并且它说过，随之而来的启示意志当然不同于隐秘意志或总是有其效果的意志，因为后者不可知，所以它与实践问题是不相干的。它首次煞费苦心地指出，"拣选"是"在基督里"发生的（尽管许多改革宗的人士都承认这一点），并且我们无须把法令说得如此绝对，以致不考虑作为中介的基督。第 17 条说得很对，"上帝"拣选我们的"计划"是"隐藏的"，因为在这个问题上，路德也和保罗一样，求助于隐藏的神。福音派神学家也承认，"深处"**72** 至少可适用于分赐救恩的外在途径，这 [意味着] 它也肯定适用于上帝引导人们得救恩的"整个计划"。参见 §9b，§30b。总之，这整个信条所提出的任何内容都不会让福音派无法以合理的方式所采纳。

§22（a）霍布斯无疑是一个非常聪明的人，他不仅在自己的著作中，还在其他地方，都说过某些反对主教约翰·布拉姆霍尔（John Bramhall）**73** 的话，这些话不应该被拒绝；但尤其在这一点上，他犯了错：因为一切偶然性都已经被从事物中除去了，所以无论发生什么，他认为，都是绝对必然的，仿佛所有存在的事物都是必然的，或者说，仿佛只有那些存在的事物是可能的，这会排除事物创造者的选择和对智慧的运用，因为不义的、不适宜的事物就会和其他更好的事物一样，对存在有同样的要求。**74** 霍布斯的这种观点是从笛卡尔或许无意间给出的这一教条中衍生出来的，即物质相继接受所有的运动，斯宾诺莎也抓住了这一点。

§24（a）但是，当上帝反思祂自身时，祂不可能不去反思事物可能的观念；当祂指引万物归于祂的荣耀时，祂同时也考虑那些其产生与祂的智慧和力量相配称的事物的完满性。的确，事物的可能性来自神的本质，因为它们是永恒的真理；而这些事物的现实完满性来自神的意志，并符合最高智慧的规则，因为它们是在时间中产生的。

§24（b）上帝在命定要创造受造物之前，仍然把它们视为其序列中的可能事物；因此，上帝并没有沦落到依赖于人的地步，而是神的意志顺应神的理智，在这种理智中，受造物的观念得以发现，事物的可能性得以理解。若神的法令依赖于其他受造物的实际行动，那情况就不是这样了，因为人类和其他有智慧的生命无法在可能事物的观念中先天地发现和由直觉知道一切事物。

§24（c）即使一个有着最大限度的、最完满的智慧的人，也不可能在不探究手段的情况下就颁布关于目的的法令。假设我们的目标是建造一个既适宜又宏伟的建筑物。这可以通过很多方式来实现：但如果建筑师甚至都没有检查场地、成本、材料、工人等手段，他是不会就建筑物的外形做出决定的。对智者来说，"某件事情**是否**应该发生"的问题与"它将**如何**发生"的问题是不能分开的，除非我们讨论的是获取那些可能隶属于某种更高善的善的事物，比如，当一个人考虑德性和幸福的时候，没有人怀疑这些目的是应该被欲求和追求的；而且，在智者看来，意图中在先的，在执行上并不总是在后；否则，所有原因都会皆因结果而发生，尽管它本身被欲求的原因有可能是它（作为原因）所固有的。更确切地说，智者的特点是，**使用那些本身就是目的、值得追求的手段**：这样，他的作品就会更加完满。所以我们不应该承认这个法则，也不应该承认相反的观点，即那些认为同一秩序既存在于行动之中也存在于法令之中的人的法则。两者都不能得到普遍的辩护，也不能解决这个

[87]

问题。

§24（d）那些认为上帝只有在最后一天才显现祂的智慧、仁慈和正义的人的推理能力太贫乏了。祂持续不断地显现它们，并且祂还将持续不断地显现它们，但要以不同的方式、向不同的事物显现它们。与此同时，对于人类来说，圣经明确规定了他们的审判日，这一点是千真万确的。

§24（e）这种教义与理性最不相容，是配不上神的。既然上帝是全知的，祂就会留意一切事物，并按照它们本来的样子来考虑它们。几何学家发现，无限小单元之间仍然是可比较的，即使不能与普通的积量相比较；所以同样，很多东西汇入那些更加广大无边的东西；正如那些依附于无限小事物之间比较的东西，在考虑了切线与曲线之后，就会变得清晰起来。

§24（f）这应该归咎于我们知识的缺乏，我们的知识由于局限在狭窄的范围内，以至于如果我们关注所有的小事，我们往往就没有机会考虑大局，而上帝不存在这样的障碍。我知道有些思想敏慧的人会说，就像行路之人可能会踩着虫子一样，我们的理性与上帝的理性的关系也是如此。但在同样的问题上，正如我这里想说的，不是就形体而言，而是就心灵而言，尤其是当我们过多地将神的心灵比作人的心灵时，我们犯了一个"神人同形同性论的错误"。然而，这一教义的作者们却习惯于用这种骗术来反对那些持异议的人。但我们必须承认，两者都经常犯错。

§24（g）有限的东西，若不比较，便不能被认为大还是小，高贵还是卑贱。上帝能看到事物的本来面目，也就是说，能看到事物之间的类比和比较，同时也能看到我们在与更高贵的事物比较时是卑贱的受造物，在与更卑贱的事物比较时是高贵的受造物。

[89]

§24（h）但祂的荣耀在其由自身法令所带来的作品最适当的秩序中显而易见。

§25（a）这一依据（如果它被解释为将上帝的荣耀与对事物的考虑区分开来，正如据说有人所做的那样）不仅是病态的，而且也很脆弱，它攻击了神圣属性的力量：因此，我希望今天任何明智的人都不会认为这是可接受的。或许在过去，这种观点更多是在激烈的争吵中得出的，而不是通过成熟的判断得出的。

§25（b）偶然真理**本身**是确定的，并且可以被确定地预见到。偶然性与必然性不相容，但并非与确定性不相容。许多经院哲学家都认同，未来偶然事物有着确定的真理性。这里之所以提出异议，是因为真正的偶然性和必然性概念还没有得到充分的解释。对偶然性的破坏，与其说来自改革宗神学家，不如说来自伊斯兰教徒、霍布斯和斯宾诺莎。众所周知，改革宗神学家们在这方面与霍布斯和斯宾诺莎进行了斗争，而且不乏热情。

§25（c）**未来性**不仅产生于法令，而且也产生于被视作可能的法令之对象，颁布法令的理由就存在于 **75** 这个对象中，它又回到了出自神圣意志的完全法令。参见 §16a。因此，在某种意义上，未来的事物在颁布法令之前并不是完全同等地对未来性保持漠然；因为它们虽然还处于纯粹的可能性或理想性的状态，却具有某种使神的意志倾向于命定它们或至少允许它们的特征。

§25（d）所有人都承认，在偶然事物中，由于未来性、先见或法令的缘故，存在着某种假设的必然性或某种依赖性。所以这里没有矛盾，因为绝对必然性被否定了。

§25（e）先于那种关于被预见事物之存在的法令并独立于那种法令而获得的预知，不是纯粹的，也就是说，不表象某种绝对未来的事物。相反，这种预知产生于对众多可能事物的单纯考虑；这种预知不涉及现实的存在，只涉及假设的存在，就像上帝看到了给定事物中存在的东西，并且一旦它被承认为给定序列的一部分，祂就在整个序列中看到了它。而一旦众多可能事物中的一个被允许进入一个时间序列，它就会在未来发生。

§26（a）说有条件的意愿是不完满的，配不上上帝，也 [91] 就是说对有条件的真理——比如，所有关于非必然事物的必然真理——的认知配不上上帝。因为在智者看来，意志类似于认知，受每一种真理的影响，而这真理的影响与它的实在性成一定比例。但毫无疑问，上帝的威吓或应许包含这样的意愿，正如《民数记》第 14 章第 12 节和《撒母耳记上》第 13 章第 13 节所示，扫罗若恒心顺从，上帝就预备他作王。这个主张是有条件的，正如约翰·皮斯卡托（John Piscator）在谈到这一点的那些问题中所说的那样。**76**

§26（b）意志，就像认知一样，也应当顺应对象，但这既不是受制于对象，也不是依赖于对象。

§26（c）意志也有等级，就像真理和认知也有等级一样。参见以上 §3 所述。较低的等级并不排斥较高的等级。上帝将恶排除在序列之外的意志是一种倾向，但它并不总能成为最终的努力；因为当恶不时被承认时，更大的完满性就会从其他方面产生。智者的倾向与事物的本性成正比。因此，本应通过完满认知而从所有倾向的冲突中产生的最佳努力（如我所说的那样），并不总是发生。低等的意志并不是来自这一不完满的事实，而是它由于无知就植根于我们的内心，这种无知来自我们的弱点，其后又与烦恼结合在了一起；上帝既不无知也不烦恼，智者由于效法上帝或顺从上帝同样既不无知也不烦恼。上帝不意愿未被造出的事物，除非他以有限定的方式去意愿那些事物；明智的上帝模仿者，为了神的荣耀和他自己的福祉，以有限定的方式去意愿所有这些事物。

§26（d）上帝的良善，正如上帝的知识一样，不会超出他的能力，但会超出他的行动。上帝所能做的、认识的和意愿的比他实际上所做的多得多。

§26（e）"上帝渴求某种东西"这话有些语无伦次。谁会否认上帝能成就他所意愿的呢？但有些事物，他只以有限定的方式去意愿。

§26（f）如果去渴求与由于完全的倾向而去意愿或在最

终运用自身的力量时去意愿是一码事，那么我承认这一点。

§26（g）这里没有必要诉诸修辞。理智和意志并不是被象征性地赋予了上帝，而是被恰当地赋予了上帝，除非我们想变得像斯宾诺莎那样。拥有意志是一码事，拥有那些我们称之为激情并包含某种不完满性的情感是另一码事，因为后者就其本性而言包含着某种混乱的知觉。因此，无论他们认为在上帝里存在着哪些与激情的形象相一致的东西，这些东西都是由不同的思维活动构成的。"祂生气了"意味着"在犯罪行为被预见到时，祂意愿对其进行惩罚"；"祂后悔了"意味着"祂渴望去改变祂以前确立的那些东西"。

[93]

§26（h）有一次我和保罗·佩利松（Paul Pelisson）**77** 争论上帝是否有不同于我们的正义观念。他倾向于这样一种观点，就像诗人所说的，"神圣的存在者有其自身的正义"**78**。我反对这一点。正如几何和算术对上帝和我们来说都是共同的，所有这种类型的真理对我们来说都是有效的，就像它们在上帝面前都是有效的一样，即使神的理智无限高。至于那些关于正义的永恒真理，也是如此，这些真理借着某种推证为我们设立了起来。因为有关正义的永恒真理甚至也受到上帝的尊重，公平同样完全为上帝所秉持。只是我们的无知让我们认为上帝违反了这些规则。

§26（i）当然，祂不只是为了显示自己的荣耀，也为了更多这样和那样的善。

§26（k）上帝从不做这种事，哪怕只是暂时。当某种东西无法与我们的正义规则达成和解时是一码事，当我们因为没有看到事件的整个序列而看不到和解时则是另一码事；所以，以如此少的信息对这些问题做出判断，就好像根据残缺不全的法庭笔录给出一个意见，这是违反正义原则的。因此，在这里，我们并不是对法则无知，而是对事实无知。有些人教导说，上帝能借着绝对支配权使无辜者陷入永恒的毁灭。这被认为是阿伊的彼得（Peter d'Ailly）[79]、西奥多·伯撒、丹尼尔·沙米耶（Daniel Chamier）、威廉·惠特克（William Whitaker）和莫伊兹·亚目拉都（Moïse Amyraut）[80] 的观点，而且似乎有相当多的人也持这种观点。但他们不能被原谅，除非他们关于正义的观点被解释为"不负有解释责任"[81]，或者，我们可以说，免除了必须做出解释的义务，或没有解释的义务，或缺乏知识，或不可撤销（英国人称之为一种**没有解释义务**的状态），就像一个案件可以被宣告为"已决案件"[82]，或就像一个法官被说成"主持正义"，尽管他决定的结果不公正；这种责任的缺乏体现在上帝身上，因为祂拥有至高无上的权力，所以没有能够使祂的行为无效的上级，虽然祂不会带来不公的事态。但那些仅仅把正义建立在一个有权力者的选择上的人犯了一个严重的错误，他们抛弃了智慧和善的原则，正如霍布斯在他凡事都把正义归于全能的存在者时所做的那样。那些认为正义仅仅来自法律、优越地位和高压政治的人也持这样的观点。但这是一种不完满的法律概念。完满的正义指的是配得上上帝的正义，而它的本原则更高，来自智慧和善这两个源头

[95]

156

的交织。所以，正义（正如我和格劳修斯所说）不仅适用于能力，也适用于天资；不仅适用于那些很有价值的事物，也适用于那些适合的事物；受害人不仅在有法律补偿办法的情况下寻求正义，而且在有确切申诉理由的情况下也寻求正义。当然，有人就会问，上帝是否把一切所需要的，不但赐给别人，也赐给祂自己，即赐给最明智者。如果某个邪恶的魔鬼或邪恶的摩尼教神统治着万物，即使对其抱怨的理由非常充分，但却不存在与其抗衡的正义的补偿，那么一种非常不完满的正义必将得到伸张。但是，正义的补偿和对正义的补偿的需要都不适用于上帝，因为没有人理解祂的行为。**83**

§27（a）即使这种受造物，与上帝相比，在某种意义上可以被认为是虚无的，就像**不可计算的无限小量**那样，对普通数字来说，加上或减去无限小量是可以忽略不计的，但无论是无限小量，还是受造物，当对它们进行比较时，都不能被看作是虚无的。正如几何家不会认为无限短线段之间的比例无关紧要一样，上帝也不会认为受造物之间的相互关系无关紧要，否则，在创造受造物的过程中，就没有什么美可言了。参见§24e。

§27（b）如果神的恩宠被理解为是随心所欲的，缺乏一个强有力的理由，那么它就很难与理性和谐共处。但正如保罗如此精辟地描述的那样，这就是神的智慧的深处。**84**

§27（c）上帝给我们机缘和意愿，让我们善加利用。只有伯拉纠派会反对这一立场。即使神的恩典不是由于本身而有效的，而是由于环境而有效的，赞美和荣耀也不应归于我们。因为那些有利的环境——在这种环境下，有时一定的恩典在不同的人身上产生不同的效力——不是来自我们，也不在我们的能力范围内，而是归于事物序列，也就是说，部分来自神的理智，部分来自神的意志。因为受造物连同受造物注定存在时所需的环境被神的理智在可能性的范围内有条件地加以考虑。

[97]　　§27 (d) 我们不应该认为遍及万物和在万物之中的上帝在分赐祂的恩典时对所有人都一视同仁，也不应该认为福音派教授这种教义，因为它显然与经验相悖。我们可以为这样一种观点辩护，即上帝因前件意志而倾向于一切善，他想要借由这种意志拯救每一个灵魂，并且平等地拯救所有的灵魂，因为就本身而论，一个灵魂并不比另一个灵魂更好或更有价值。但因为上帝关照所有的事物，而灵魂的倾向各不相同，它们都指向不同的对象，所以它们或多或少地迫使自己不去留意恶，或迫使自己抗拒善。事物的秩序不允许在每一种环境下按照每个人的倾向来分配有利的东西，其结果是，尽管神的仁爱（**先行**）是平等的，但 [所有] 人（**随后**）并没有以同样的方式享有它。因此，有时更抗拒的人也会被一种超出环境的恩典所提供的力量并临到他身上的力量所征服。即使我们更容易相信，更经常的情况是，顽固拒绝恩典的人因忘恩负义后来受到了惩罚，被取消了环境的恩典，但我们也要相信，上帝是以最公正、最慈悲、最忍耐的方式分赐一切的。所以，上帝所预见到的对恩典的善用，或更确切地说（如福音派所言），上帝所预见到的在

某些假定的环境的协助下对恩典不那么抗拒，通常会带来一些东西，但这并不总是有一个规则。上帝要考虑很多事情，同时还要软化最硬的心肠。因此（我认为），拣选的理由则更高，不能被归结为我们所能理解的一个单一规则。而且我们很难相信，在如此长时期对基督一无所知的美洲印第安人中，没有一个人会同等地得到恩典；同样的道理也适用于我们这群人中的那些人。若一个人要诉诸这样一种观点，就会碰上难题，因为那原因似乎还没有被揭示出来。参见 §9b。因此，人仅凭一己之力不能决定他是否得救，而是环境的协助，或更确切地说，事物的序列，连同人一起决定他是否得救。此外，一个人必然区别于另一个人，正如我必然不是你一样。因为事实上，认知和意志必须以这样一种方式顺应对象，那便是使某个人的认知和意志不同于其他人的认识和意志的那种东西必然进入为自己决定某一具体事宜的理由中：否则，决定就不能依赖于一个人自身的理性。事实上，很久以前，一个著名的作家（圣维克托的休格，**85** 如果我没有记错的话）便就"上帝为什么爱雅各而恶以扫"这一问题给出了正确的回答：原因是雅各不是以扫。**86** 参见 §12d。

　　§27（e）只要我们以神的恩典的名义来理解所有来自上帝的恩惠，并且我们发现恩典不仅以自然的、普通的方式带给我们，也以不平常的、奇迹般的方式带给我们，那么说所有的善都唯一地归因于神的恩典，就是完全正确的。因为自然的善和精神上的善一样，都是上帝的恩赐，万物的完满性也都来自 [99]

神的恩赐。这样，我们身上的每一个善便都来自上帝，因此我们可以说，我们所有的恶来自我们自己或其他邪恶的受造物。

§27（f）所以这是毫无疑问的：谁会怀疑特殊的善是在上帝的普遍恩赐之外被赐予的呢？

§27（g）那些这样推理的人在许多方面混淆了这个问题。的确，我们所求甚多，而有些人得到的比所赐给众人的更多。但是，说被赐予的东西由于人的不完满或由于环境的妨碍而往往是无效的，这并不荒谬：我要说的是，它无效不是因为它完全无用，而是因为所赐予的东西根本没有效果。

§27（h）至少根据那些承认有条件的法令的人的教义或那些否认由于本身而有效的恩典的人的教义可以推知，所有这样的恩典都来自上帝。一方把一切都归罪于另一方；尽管他们有时并没有错，但他们激烈争论的时间太长了。

§28（a）又有几个人会在实践中注意到这些微妙之处呢？人若仔细思量，就会发现自己身上的一切善都来自上帝，一切恶都来自自身，或来自他人的堕落本性；神恩，无论是一般的还是特殊的，都不是出于他自己；其中最大的神恩便是我们所处的环境，因为它使我们比某些人更能免受不良的教养、不良的交往以及其他误入歧途的诱因，或者说，它使我们遇到了幸福的环境，而通过这些环境，我们受到了更大程度的熏陶。所以我们并不需要把所有的感激之情都给予由于自身而有效的内在恩典；这也站不住脚，除非有人不知道如何高度珍视上帝的其他善行。

§29（a）那些这样推理的人也这样说。虽然我们对几种理性受造物有所了解，但也不应该怀疑，它们中最大的一部分散布在我们尚未深入了解和几乎无法探索的宇宙各处。因此，考虑到神的智慧，人们可能很容易就认为，幸福的心灵比不幸的心灵要多得多，而且我们一定可以知道天国的大小（关于这一点，切利奥·塞孔多·库廖内 **87** 最近写了一本书，虽然在另一种意义上让有些人感到震惊），即使从人类目前的状态来看，这一点并非显而易见，但这种状态绝不会永远保持不变。不过，因为我们今天甚至不能确定今生（即死前）灵魂中所发生的事，所以我们这些在我们这小范围之外所知甚少、更何况只思虑这一小段时间的人便出于这一原因而对神的计划做出了错误的判断。我们对未来和来世的所有奥秘就所知更少了。许多虔诚的人相信，那些一生缺乏必要的光的人在临死前会得到它。虽然几乎所有的神学家都承认有某种内在超自然的神恩，但许多神学家也认为受洗的婴儿有某种信仰，甚至更多的神学家承认这些孩子有某种仁爱之心；但婴儿还没有意识到这种信仰，也不会记住它。即使不为人知，我也看不出他们怎么能确定无疑地拒绝这种恩典，而我们很容易就明白这一点，因为我们不能问一具尸首，死人意识到了什么。根据同样的原则，托马斯·阿奎那不无正确地断定，上帝为所有人提供了救恩的途径，前提是他本身没有在某些方面受到阻碍；如果一个人在森林里和野兽一起长大，但却跟随理性的指引，那么我们可以肯定的是，在没有人教导信仰的情况下，上帝会通过内心的

[101]

启示，向他揭示信仰所必需的一切（Q. 14 *De veritate*, a.11, ad 1）。托马斯·布雷德沃丁**88**（后来升任坎特伯雷大主教）在他的《为上帝辩护》（*De causa Dei*）一书的开头更加严格地写道："我坚信，对于那些爱上帝胜过一切的人，那些有效意愿以祂应得的方式来敬拜和尊崇祂的人，那些坚决对祂表示敬畏的人，尽责而公正的上帝会以或隐或显的方式向他们显示得救所必要的宗教，即基督教。"他还认为，我们可以这样说，即在拜偶像的人中，有些人尽管崇拜作为上帝仆人的受造物，但他们却因为善良的意志而得救。这些问题还远没有得到揭示。

§30（a）在任何情况下，对外在恩典管道的分赐包含着某种神秘的东西，从我们所拥有的理性的角度来看，包含着某种绝对的东西；如§9b 和§21a 所述，一段时间以来，福音派中的不少教士也都这么说。

[103]　　§30（b）"绝对的"，我指的不是当我们考虑到所有的理由和方面时，而只是当我们考虑到那些我们实际上知道的东西时。所以本尼迪克图斯·阿雷蒂乌斯（Benedictus Marti）**89** 在《论预定》（*De predestinatione*）第 18 页指出，神的意志包含着最公正的东西，尽管预定的原因是我们所完全不知道的。可以肯定的是，意志不可能取代理性，尤其是在智者那里；正如加尔文的追随者马堡的神学家克罗齐乌斯（Johann Crocius）**90** 极其正确地指出的那样，神的预定的原因可能被隐藏，但却不可能缺乏智慧和正义。

§30（c）每一个善意，无论多么纯洁，都依赖于行事明智者的**理性**；我要说的是，在这里，对上帝赐予其特殊恩惠的那个人的特殊考虑也必须被考虑进来。否则，某些事情就会绕过理性而发生。所以某种与对象有关的东西必然被预见到，它虽不是对象本身的尊严，但却打动了上帝。

§30（d）自由的，而且有理性。

§30（e）这是善的，但肯定不是毫无缘由的。"这是适合的"，也就是，这在你看来是善的，或用英语来讲，"it seemed good in Thy sight"。所以，如果上帝觉得这是善的，那肯定就是善的。

§30（f）我承认，在这种情况下，并不总是赐予恩典管道，也不总是拒绝给予恩典管道。我不想去解决这种在大多数情况下都会冒出来的麻烦。不过，我认为一个人通常必须指望自己不那么抗拒，而不是阻挠环境。加利利人比腓尼基人受到更大的恩惠，不是因为他们得了更大的果实，而是因为他们受到了更严肃的责备。**91** 所以他们的例子并不适用于那些神恩在其身上起作用的人；所以这些恩赐被给予是因为它们被预见到在这些环境下会有更大的作用。然而，上帝并不是对所有悔改的人都这样行事，因为与此同时，上帝还下令要将祂恩典的大能运用到那些最抗拒的人身上。

§30（g）如果说"更单纯但却更善良"是指不那么倾向于恶，那些想要更好地利用［恩典］的人就会赞成这种观点。我承认，就此而言，通常什么也不能确定。那绝对更好的东西并不总是被优先选择，而那更适合于目的的往往被优先选择，正如有时一块较小的或更不规则的或更丑陋的石头被优先选择，因为它能填满它所占的地方。参见§34b。

§30（h）"Beneplacitum, guth-finden, trouver bon, bon plaisir"**92** 这些词本身表明，上帝的意志不是专横武断的，而是建立在以最明智的方式从对"最好"的认知中产生的善之上，并且是由上帝通过正义、圣洁和公正的基本法则来指导的。

§31（a）应该承认的是，双方都知道，有些问题太深奥了，难以理解，这并不奇怪。终极原因又回到了包含无数因素的事物序列上。

§31（b）这里应该被理解为承载最终努力的完全意志。**93**

§31（c）我们不应该认为"祂的意志的预兆"相当于"代表祂的意志"或诸如此类的东西，而是应该认为它就是"真正宣布的意志的预兆"，虽然它还不完全；要不是由于那些不服从者带来了受永罚的结果，这种意志不会产生，尽管这种区分方式不同于更早期的人物所接受的方式。但"喜悦的意志"在这里能指与对服从的特殊控制和对不服从的允许及其结果有关的完全的（甚至可能是隐藏的）意志吗？因此，我们不应该说，那些服从于这种意志的人理解它——也不应该说，事物的本性通常会产生这样的理解。所以这种区分必定适用，尤其是在上帝身上，因为祂同时既是心灵的君主，又是事物的原因，这在别处是没有先例的，即使祂的某种不完满的影子可以在别的统治者身上显现。如其他例子所示，上帝可以强制执行祂不希望发生的事，就像命令亚伯拉罕牺牲以撒通常所证

[105]

明的那样。安德烈·里韦（André Rivet）**94** 在他的《创世纪注解》（*Commentary on Genesis*）中明确指出，上帝意愿倾向，而不是结果，舍尔泽在他的《反加尔文论辩集》（*Disputationes Anti-Calvinus 5*）中并没有拒绝这种解释。**95** 但我仍不愿将其运用于上帝那些与本身善的和有德性的行为有关的诚命，也不愿将其运用于所有那些可以肯定地说上帝所先行意愿的事物，也就是那些包含着经院哲学所谓的绝对完满性的事物。

§31（d）为什么不也给有善良意志的人以充分的内在的管道呢?

§32（a）这话说得很有道理。但不能使其所倾向的一切都实现的那种死并不就是"白死"。难道你会反对这一说法，即这种意图大部分并没有落空? 相反，我们应该明白，那些向善的倾向，尤其是就神来说，即使它们所趋向的善没有实现，也不会是徒劳，因为那种善只有在其他向善的倾向的协助下才能得到。因为必定得到的和倾向所要求的，都是通过协助来实现的。我们必须考虑到上述 §3 所说的内容。朝着某个较远的点运动的某物，有时能到达某个其必然趋向的与那个较远的点比较接近的点；某物朝某个点延伸，也就是，它比以前更接近那个点，即使是在它到达那点之前就偏离了它，这也足够了；这些原则也适用于运动的合成。 [107]

§32（b）这些都不过是言语之争。我们确实可以这样说，即正如圣经经常所说的那样，基督为所有人而死（在此之前，这一点确实已经通过不同的意愿等级得到了解释），即使他的死并没有惠及所有人。不过，我们确实可以说，他的死只是为了那些明白上帝的完全意愿（后件意愿）并因他的死而得好处的人。

§32（c）既然在一个地方说上帝爱世人，而在另一个地方又说基督不为世人祈求，只为选民祈求，所以很容易理解，这些说法要通过不同等级的意愿来调和。**96** 可以肯定的是，基督曾为失落者对圣父说："父啊，赦免他们！因为他们所做的，他们不晓得。"**97** 耶稣因那些人的热心和呼求而被钉在十字架上，谁能说这些人就都信了，就都得救了呢？所以我们应该清楚，上帝以不同的方式意愿，基督同样以不同的方式祈祷。

§33（a）我们最好这样说，即基督的话语完全应验了，但不是当场应验了，也不是一下子全部应验了。因为福音传给了万民，或将逐渐传给万民。

§33（b）显然，我们没理由再重提此事，尽管这种解释——奥古斯丁在某个地方用到过它，但他对它的态度似乎一直都摇摆不定——并不新鲜。

§33（c）但是，如果我没有弄错的话，即使特殊论者 **98** 也承认，基督的献祭，尤其**因其英勇**，对于所有人已经足够了。然而，即使对于所有人来说，抵偿已经足够了，但仍不是所有人都分得了恩惠，而是只有那些想要的人。

§33（d）为什么关于基督的知识以及其他类似的东西还没有传给万民，这常常使人们产生疑问，即基督献祭的大能究

竟是普遍的还是特殊的。我们只能答复说，上帝所做的一切都
最符合最严格的正义、圣洁和良善的规则。如果有些事情看起
来相反，那就是我们对它的理解还不够。

§34（a）毫无疑问，我们的意志要协助，但我们的意志
只有在被预设恩典所激励时才会协助。然而，意志的这种协助
在不同的情况下是不同的。上帝用或多或少的恩典来推动意
志。有时恩典是由于自身而得胜的，而在这种情况下，它肯定
会在任何人身上得胜，不受障碍和环境的影响。有时恩典是由
于自身而有效的，但在这种情形下，它确实会由于人内在和外
在的障碍而无效，也就是说，**由于偶性**而无效。有时它只是**由
于偶性**而有效，所以使这种恩典不受阻碍就够了，但它也必须
得到辅助；当它降临到处于有利环境的人身上时，这种情况就
会发生。"由于偶性"而有效被理解为不是由上帝赐予的帮助
所产生的，而是由帮助本身的本性所产生的，有利的环境其实
是与这种帮助协同作用，而成功是通过这种帮助而获得的。参
见§9d。既然有三种管道，我们便没有理由说，只有其中一
种管道能使人悔改：由于自身而得胜的恩典，由于自身而有效
的恩典（它可能由于偶性而受到阻碍，但目前仍未受到阻碍），
以及由于环境而有效的恩典。得胜的恩典可能只在悔改上起作
用，而不在救恩的永蒙保守上起作用。我们这些对神的道知之
甚少的人，为神规定了祂必须遵守的某些规则，而排除了其他
那些因主体或环境而同样适合的规则，这是徒劳。然而，内在
恩典有两个方面，即理智中的光和意志中的倾向，它有时包含

着某种"甜蜜的感觉"。此外，正如托马斯在他的《反异教大全》第 3 卷第 159 章中所指出的那样，虽然一个人既不能通过一种自由选择的举动获得神的恩典，也不能唤起神的恩典，但仍然可以阻止它，让自己不领受它。

§34（b）如果与陶工的黏土做的类比延伸得太过，那么当涉及悔改和救赎时，人们就会以一种扭曲的方式看待自己。**99** 我看不出从保罗在此所说的话如何推知恩典由于自身便总是绝对的和得胜的。他只是认为，拣选的理由不在于我们的价值，而在于神的恩宠，那些使人彼此区分开来的要素不足以使人得救。同时，即使是陶工每次也不以完全相同的方式使用黏土；当器皿必须更耐火时，陶工便需要不同的材料和混合物。毫无疑问，上帝选择材料并计划以最好的方式建造祂的城。有时他会用沙子和鹅卵石，有时祂又会用陶土和大理石，而有时祂还会用未经加工的石头；有时，当一种更便宜的材料被选择时，性质更佳的材料就会被拒绝，因为如 §30g 所述，更便宜的材料更适合实现某个目标。

§34（c）保罗用这些话表明了神爱的大能。善，当它被充分知觉到时，就会绝对无误地决定灵魂，尤其是当被知觉到的善是最高善时。这种没有剥夺我们的自由和自发性的决定被世人称作"强迫"，但这种称谓并不恰当。因为在同样的意义上，上帝也可以被说成是［被善］所驱使和征服。的确，至高无上的心智是通过考虑什么最好而被绝对无误地决定的：一个人越是自由，就越是［以这种方式］被决定。自由是与某种漠

[111]

168

然态度而不是"均衡的漠然态度"结合在一起，换言之，以这种均衡的漠然态度，便没有理由更多地倾向于一种可供选择的事物，而这种漠然的状态是凭空捏造出来的，就像我们从布里丹的驴子的例子中所看到的那样，它可以被那些不仔细考察事物根据的人设想出来，但却不可能存在。

§35（a）在我看来，这些说法再真实不过了，也再清楚不过了。

§35（b）这段话中所提到的一切都再真实不过了，也再恰当不过了。尽管有了这种决定，但行动者仍然是自由的，不仅不受强迫，而且不受必然性的约束。这就是为什么就连曾拒绝詹森所提出的五个命题的托马斯主义者也认为它们是有害的（参见 §17c）。上帝本身，即使祂最大程度地决定要行善，也仍然是最自由的，不仅不受强迫，也不受必然性的约束。理由使聪明的人有倾向，但不会强迫他。他有可能采取不同的行动，但他肯定不会这样做。

§36（a）凡是把自由归因于人的，也从上帝那里夺走了一些东西。我们必须维持上帝的绝对支配权，但要避免借助不值得称颂也没有理性的专制统治者。我们不能以拯救神的自由和独立为托词，从神的智慧和正义中拿走任何东西。

§36（b）毫无疑问，当他们被照亮时，某种内在的、有效的东西就被引入了。但有人会问，上帝以超自然的方式赋予那些要得救的人的东西是否总是由于自身而对得救有效，或者说，如果把灵魂所处的自然环境和状态加进去，它最终是否会

[113]

169

有效。

§36（c）外在管道如果没有伴随着由于本身而得胜的恩典，就会总是被拒绝；我不知道凭什么说这话。当恩典降临到不那么抗拒的人身上或通过自然环境得到帮助时，它也能够得胜，即使它不是由于自身而得胜的。

§36（d）但为什么这就不能同样适用于可抗拒的内在恩典呢？

§36（e）谁会抗拒上帝明示意志的事呢？

§37（a）如果这里的意思是那些有朝一日真正悔改和称义的人总是被选中，也就是说，终是永蒙保守，那么我不承认这种必然结果。这些教条经选择被人们所接受，但它们不是由理性或圣经所确立的。

§37（b）所有这些只不过是说选民永远都是选民而已。上帝不像人，因为人会后悔。当一个曾经悔改的人离弃恩典时，上帝不会为祂的行为后悔，正如当一个正直的人堕落时，或是当有生命的东西最终死亡时，上帝不会为祂的行为后悔一样。

§37（c）圣经上所说的那些叫人"惊慌"的事是真的，并让我们晓得了从这些事上必然得出的教训，即那些作恶的人，就是离弃上帝的恩典，跟从魔鬼；虽然如此，但如果他们是被选中的，那么最终他们将被拉回正道，从地狱的力量中解脱出来。如果人们能够通过某种绝对确定的预兆知道他们自身被拣选，那些想要"完全背教"的人的恐惧就毫无道理了。**100** 因为背教对这样的人来说根本就不值得担心。但那些在正当的斗争中激起子女式的惧怕和忧虑而使其免于罪恶的事物，并不抵制存在于虔敬者心中的那种对神的良善的甜蜜感觉，也正是通过这种极度甜蜜的感觉，灵魂被带进了天堂，得救的信心和希望也被建立了起来。至于得救，只要一个真正虔敬的人不下定决心坚持下去，便不可能得救，只要他有一个坚定的计划来避免因违背良心而堕落，他在任何方面都不应该怀疑洪尼斯 **101**（Tom. 1 Opp. p. 951）。因为可以确定的是，如果一个人不是通过他自己的行为，而是通过神的应许的力量，离弃上帝，那么也就没有一个受造物强大到能把他从上帝的手里夺走，把他从基督耶稣的爱中夺走；他引证了圣经中那些出现有条件的应许的地方。老巴尔塔撒·门泽尔（Balthasar Mentzer the Older）**102** 也表示，除非是就那种在其他条件下不可能存在的事物而言，否则这种确定性就不是绝对的（disp. 3 of *de Elect*., n. 264）。但那暂时蒙恩的，可能会堕落和被诅咒，而在另一个地方，他又说，那绝对确定的，无所畏惧。所以胡尔斯曼不无正确地宣称，关于我们得救的确定性就上帝而言是无可置疑的，但就人而言，在生命结束之前，它并不是绝对无误的（supplem. Breviarii, c. 14）。**103**

[115]

§ 37（d）确实是这样。因为就如神所说，蒙拣选的人中没有一个失丧的。但我们不能从中推断出任何东西。

§ 38（a）选民的成圣状态应该被认为是永恒生成的。但如果有人问起日常事务中的实情，我们必须说，这种状况并不是在所有情况下都持续。至于最终的和最高的成圣，即使是由于那些最堕落的人，也没必要捏造某种不受阻挡的成圣——这在教义上是一种无用的新玩意。此外，成圣状态是无法通过任何预兆所得知的，所以有时所有的预兆都预示着与实际情况不同的东西。既然经验清楚地表明，那些曾经悔改的人不仅会堕落，甚至会形成一种固定的倾向，做出可耻的行为，不过有些人还是会从这种倾向中解脱出来，那么建立一种选民所持守的习惯性成圣就是徒劳。在这种情况下，人们认为上帝已经脱离了(或不参与）符合人性的行为方式和经验，这是徒劳无益的，也是没有理由的。

§38（b）正如按祂的旨意而发出的呼召分为两种，一种是为选民而发出的呼召，一种是为众人而发出的呼召，因此也就有两种称义（不是根据形式而是根据对象）：一种是所有真信者的称义（即使他们偶然又堕落了），另一种是选民的称义。正如对非选民的呼召是真心的，暂信的人 **104** 的真实悔改也是真心的。如果一个人说，（1）不具有善的目的的意愿一开始便不是真信，并且（2）所有的恩惠都只局限于选民，那么他就会捏造一些缺乏任何根据、与经验相反、从古代起就被教会的大多数人所拒绝的假设。这些假设并非全然没有危险，既然只在被选中的同时，罪被赦免才能得以确定，那么人们一定会对此感到担心，即那些由于无法确定未来（也就是说，最终永蒙保守）的人必然永远为其现状而焦虑，而那些自以为知道自己肯定会被选中的人则必然觉得自己是安全的；因此，第

[117]

一种人将陷入绝望，而第二种人则有可能过上懒散的生活。参见 §42d 和 §76c。所以，如果采取一种中间路线（不同于一些教皇党徒），我们就会持一种更为正确的观点，即关于我们的信仰、悔改和称义，特别是通过认真考虑我们所意识到的当前的内在行为，我们就可以更加确定；而且我们认为（不同于一些改革宗的人），如果没有特别的启示，我们便无法确定我们最终永蒙保守或拣选，因此，即使虔诚的人对基督的信心很大，由于我们有一个善良的神，子女式的惧怕也仍然存在。

§38（c）我们必须明白，只有我们是被选中的，才能用**"最终"**一词。至于**"没什么"**这一无关紧要的词，若我们曾真心向上帝悔改，那么它指的就不过是我们的过失。

§38（d）每一个人都必须承认，神的法令和计划的终极原因对我们来说神秘莫测。

§39（a）这些只不过意味着，凡是意识到自己愚钝而又并非不知道神的伟大的，都应该认为所有的事情都是由上帝以最公正最神圣的方式完成的，即使我们只知道整个事物序列最微小的一部分，我们不理解祂所做的一切或祂为什么这样做。

§39（b）上帝，在允许罪的情况下，对那种在犯罪行为中有实在的物理存在的事物进行了善意的协助，所以祂就像主宰着一切那样，主宰着犯罪；这一点可以从经文中看出。然而，由于环境有时会使人变得刚硬，甚至使人误入歧途，而且由于环境是宇宙序列的一部分，而上帝是宇宙序列的创造者，因此我们应该明白，上帝不是罪的创造者。因为在这一可能事物序列中，甚至神在命定其存在之前就已经看到了，罪已经和它们的原因一起显现了出来。上帝并没有命定这种可能性以及这一潜在的联系的序列，而只是发现了它。但是，当祂选择了这一可能的事物序列，而不是其他可能的序列，因为它是所有可能的序列中最合适的，祂便适当地意愿了其中善的事物，同时祂也允许了其中夹杂着恶的事物，因为即使在计算了所有恶的事物之后，这一序列仍被认为是最好的。

§39（c）虽然《使徒行传》第 13 章第 48 节确实说过"凡预定得永生的人都信了"，但这话却没有被人们所理解。因为经上并没有说"只有那些 [预定得永生的] 人信了"：因为有可能不是所有 [预定得永生的] 人都 [信了]。究竟为什么听众中的一些人没有因这一次布道而悔改，却因后来的布道而悔改呢？我们仍然可以说，所有那些预定得永生的人最终都会以无比的信心来信奉。

[119]

§39（d）绝对积极弃绝的教义说了太多不必要的话，而且以此类推，它甚至使人们相信上帝意愿罪。圣经雄辩地说明了这一点：上帝不愿罪人死去。当圣经的各种文本很容易彼此调和时，我们就会从这种以及类似的不符合神的荣耀和事物的本性的提法中抽身而出。于是，我们就把恶人交给了邪恶的心，同时允许他们的罪有那些可能得以增加和扩大的机缘，也允许他们的罪没有那些可能被纠正的机缘。

§39（e）任何一个明智的人都不会说，立法者同等地意欲惩罚和奖励。

§39（f）不知道某件事物，或者，即使你知道它，但不去想它或**忘了**它，是一码事；当你知道某件事物，但不去意愿它，也就是说，**忽略它**，是另一码事。因此，上帝忽略那些不能说祂有意愿通过完全的意志或总的意志来拯救的人；我们不能由此得出结论说，祂甚至以完全意志来意愿，叫他们得救，乃是叫他们因他们自己的过失而得救；我们也不能由此得出结论说，一个以完全意志来意愿的人，若不是因自己的过失而得救，便不会得救。诚然，祂允许他们由于那通常所谓的完全意志或由于所有的部分意志所产生的协助而变成可诅咒的，正如祂允许祂所选择的最好的可能事物序列中所夹杂的一切事物。这种解释不承认知识或力量有任何不完满性，同时也维护了善的意志的完满性。当然，上帝从未悬置祂的理智的判断，而是对万物做出了宣告，但当涉及罪时，祂**先行**确立了只有通过排斥才会发生的事情，随后又确立了只有通过允许才会发生的事情。参见§40b。此外，凯克曼正确地指出，拣选是一种恩典的行为，因此，通过考虑价值或功德，它可以是积极的和绝对的；而弃绝是一种正义的行为，因此，它并不是绝对的，而是取决于功德，或更确切地说，取决于过失。上帝因此只允许过失之恶及其后果，即惩罚，而只有当人们犯下过失时，祂才欲求惩罚之恶。

§39（g）我们应该承认，**堕落前预定论者**不认为亚当堕落之前就有罪。对于上帝来说，当祂决定允许亚当有罪时，同时也就决定允许众人败坏，然后祂从中选择了一些人重生。而 [121]

那些让弃绝先于对堕落的考虑的人将会误入歧途。

§39（h）**允许**堕落的法令建立在包含这一法令的最好的可能事物序列之上，而事物在这一可能序列中堕落的倾向源于受造物固有的不完满。

§39（i）堕落后预定论者会回应说，既然上帝与恶的起源以及堕落的关系仅仅是祂允许它们，那么祂就不会仅以这种方式颁布救赎的法令，也就不会把［与救赎相关的］一切都赋予人类。尽管这对祂的圣洁来说是适合的，但对祂丰盛的仁慈来说却未必合适。我们也不清楚，如果已经确定上帝仅仅对恶持一种允许的立场，为什么有人会认为堕落后预定论者否认由于自身而对善良的人有效的绝对的法令或恩典。堕落后预定论者以及——我可能会补充说——其他所有人都必须承认意志有某种先天条件，**105**这种说法并无不妥。参见§26a。

§40（a）我不赞成那些逃避他们所面临的困难以便侮辱他们的对手而不受惩罚的人的技巧。我们必须承认，这种关于从败坏的众人中拣选的讨论是不够的，除非我们谈到败坏的起源，以及最初的人和天使的堕落。凡是教导说上帝通过绝对法令规定了亚当有罪并且更进一步地完全意愿亚当有罪的（似乎罪本身就有讨上帝喜悦的东西，或者说，似乎犯罪对上帝来说是无关紧要的，至少就其本性而言是如此，除非仅仅出于神的选择，上帝把它定为一种罪行，以便惩罚它）——即使在亚当的后代中，上帝也会把一些罪恶的人从败坏的众人中转移出来——都损害了神的圣洁。因此，我们必须承认，罪最初的起

源不能归咎于上帝。因为不仅亚当在本性完整时保持他的无罪
状态是得到允许的，而且这也是一件很容易做到的事情。但从
这种包含过失的可能序列中，上帝根据宇宙的和谐仍然看到了
比其他所有序列更可取的东西。因此，很明显，罪的最终起源
归因于那些可能的受造物固有的不完满，这一受造物序列不允
许罪不存在，因为考虑到所有的事物，它就整体而言比其他所
有的可能事物序列都好。然而，罪的本性是这样的，它不仅不
属于上帝的前件意志，前件意志甚至远离罪，所以罪就自身而 [123]
言违背了神的意志。有些人坚持认为，只有在上帝的某些实在
的律法或规约下，罪才会变成恶，这构成了罪应该受到惩罚的
唯一理由，但这些人都错了。然而，即使上帝厌恶罪，或借着
祂的前件意志排斥罪，但祂在最终的倾向中仍然没有排斥。因
为我们知道，在这里，上帝通过前件意志来意愿支持或反对事
物，而最终或在后件意志中，祂不是忽略了，就是允许了其中
有些事物，这样祂就在所有前件意志的协助下创造了一种可能
事物的组合，结果是，上帝最终意愿得救的那些人 [在前件意
志中] 被忽略了，祂 [在前件意志中] 意愿反对的那些罪人最
终却被允许了，因为前件意志受到了这样那样的限定，而后件
意志是最终的或总的，在条件和样式上是纯粹的，**106** 也是完
全完成的。参见 §3。

　　§40（b）任何人，即使是堕落前预定论者，都不应该说
上帝命定亚当连同他里面的人类一起堕落，而应该说祂允许他
们堕落；纵然许多堕落前预定论者有可能说话不谨慎，但除非

这是一项允许的法令，否则说他们相信上帝颁布了这样的法令，就是不可信的。无论如何，我们都应该认为，允许并非如加尔文和其他人所设想的那样没有用。我们通常可以这样说，任何现实存在的事物都不存在于**前件意志**中，而是存在于上帝的**后件意志**中，而这种意志只**允许**。然而，惩罚存在于上帝的前件意志中，不过是有条件地存在于前件意志中，而过失从任何方面来讲都不存在于上帝的意志中。参见 §72b。根据这个概念（在通常的表述中可能不那么清楚），一个公正的法官明白，**允许**或允许的意志（1）不是一种逃避的手段，而是由事情的本质决定的，并且也（2）不可能被那些希望正确谈论上帝并遵循正确的话语形式的人所拒绝。参见 §71a。

§40（c）他们若是明智，定会乐意支持"上帝不命定或意愿罪"的主张，正如圣经上所说：愿作罪孽的不是神，乃是你。**107**

§40（d）这话说得对，没有错。那时的人不那么像奴隶，也没有更冷漠。当一个人更确信自己善良时，他就不会那么冷漠，也不会那么像奴隶。

§40（e）然而，从我们的解释可以清楚地看出，"意愿"和"允许"在本质上是不同的。参见 §40b。

§40（f）上帝在选择了最好的其中包含着恶的可能序列

[125] 之后就预先知道了亚当的过失。然而，正如我在这里经常提到的，祂意愿这个序列中的善，祂也允许取决于这一序列的恶。奥古斯丁不仅探究了人类的堕落，还探究了天使的堕落，他

在其作品中似乎认为，那些未堕落的天使要么被赋予了更伟大的天性，要么得到了更多的帮助（*De civitate Dei*, book 12, chapter 9）。但是，由于他们在天性和帮助方面拥有更多，而且上帝也意愿天使和第一个人体验自由选择的力量，善良的天使经过自由选择，仍然立场坚定，而魔鬼和人却由于错误地使用自由选择而堕落了。他在另一作品中指出，永蒙保守的恩典是赐给圣天使的，作为他们奋勇抗争的冠冕，所以他似乎认为，对天使的预定建立在所预见的功德之上（*De corruptione et gratia*, chapter 10）。然而，为之奋斗并非没有恩典的帮助——所谓的**帮助**，即并不是**靠它们**，**事情才会发生**，而是**没有它们，事情不会发生**。但是，我不知道教皇庇护五世和格里高利十三世 **108** 在指出这些主张——即无论是天使的功德，还是第一个人的功德，都不应该被称作恩赐的功德——应该受到谴责时是否还想多说点什么。此外，如果谁能保持善良的天使或第一个人的那种状态，他们的幸福就会是报酬而不是恩典。无论天使以何种方式保持着对善的忠诚，过失仍完全出于未败坏的本性的自由选择，而直到恶行由于受造物后天的堕落而得以继续那一刻，恶的原因都来自受造物先天的不完满。

§41（a）这里所说的切中了问题的要点。因为正义的法则和几何学的法则都是永恒的真理，它们对一切理性受造物都有力量。

§41（b）有人会因他人的罪而被定罪，这是一种虚假的想象。

§41（c）虚假的法令和计划是配不上上帝的，也不会被那些善于辞令的为绝对法令辩护的人所承认。

§41（d）恶和罪在可能的事物中有其根源。因为我们这些会去随意犯罪的存在者包含在目前存在、但最初被视为可能的序列中。上帝选择了这个序列，并没有改变它的本性。

§41（e）毫无疑问，上帝尽可能地追求最高的善和最大的幸福，总之，祂选择最好的。

[127]

§41（f）事物的存在，虽不是本质或可能性，却是由作为它们第一因的上帝的法令产生的。因此，一切都是在祂的理智(即事物的可能性）的帮助下，由上帝的法令或意志产生的。

§41（g）上帝完全喜悦其作品的总体的完满性，不喜悦夹杂其中的特殊事物的不完满性，但如果没有特殊事物的不完满性，最好的序列就不会出现。然而，当所有的事物都被放在一起来权衡时，如果能够得到最大的善，那么最好的序列也就能与不完满性共存。我们应当确信事情就是这样；否则，上帝不会选择这个序列。此外，这同样适用于音乐，人们不喜欢不协和音，但却喜欢那种有不协和音混合其中的整体。

§41（h）上帝所做的一切事，没有一件是徒劳的，也没有一件是无效的，虽然有时似乎暂时没有达到目的。

§41（i）当然，上帝借着祂的完全意志，部分通过命定，部分通过允许，有意让所有的事物如其所是地发生：没有一件事是出乎上帝的意料的，也没有一件事不是出于祂的意愿而强加在祂身上的。

§41（k）这个依据极其坚实可靠，而且据我判断，它应该被所有的改革宗人士所承认（甚至堕落前预定论者也不例外）。

§41（l）当然，如果我们没有关于神的正义和智慧的概念，我们怎么能认识或赞美上帝的德性呢？我们有可能就会说一些正确的废话。

§41（m）这里就说得过分了，因为根据改革宗神学家以极好的方式为我们所阐明的意思，关于拣选生命的绝对法令可以与关于神的完满性的真概念不相悖。

§42（a）人的自由并不比上帝的自由更大。但迄今为止，上帝都没有出现完全漠然的态度，因为祂有一种去追求最好的东西的永恒决心。认为人有一种均衡的漠然态度，以致我们可以在没有任何有倾向的决定的情况下行动，这是错误的。我认为，必然性并没有被引入，而行为的偶然性仍然继续存在：因为人对自身行为的主宰并不亚于上帝对自身行为的主宰，这种说法同样适用于天使、蒙福的以及所有那些坚信善的。参见§11e。

§42（b）疯子和睡着的人不知道自己在做什么，也不知道自己为什么要这么做，他们也不为奖惩、赞扬或责备所动，而为这些东西所动是一种行为被视作自由行为的必要条件。

§42（c）一定程度的自由对于惩罚和奖励来说是必要的，这就是为什么人要有比较、权衡善与恶的理智，同时还要有与其慎思相适应的倾向和意愿的能力；否则，你是知道的，命令 [129]

181

或禁止就都是徒劳的，因为被命令的人不会因为害怕受到惩罚或希望得到奖励而动摇：也就是说，如果一个人不明白惩罚所带来的祸患比罪恶所带来的益处更大，或者如果他对自身理智的运用对其意愿没有影响的话。

§42（d）所有发生的事情都是假设地确定和不可避免的，也就是说，任何事情都不是绝对地必然或不可避免的。法令并非独立于自由行动而不可避免，行动也并非独立于法令而自由。正如我多次指出的那样，它们是相互依赖的。

§42（e）或必然之事。当然，如果一个人知道，即使是假设地确定（或在这一系统的假设之上确定），他被一个不可避免的法令所决定，那么他与这些事搏斗，或者，去做那些避恶和向善的事，就都是徒劳，而这是那些对自己最终永蒙保守有完全预知的人应该考虑的。一个人无论持什么教义，只要你不破坏上帝，或至少不破坏祂的预知，这些都是真的。但是，我们不能由此正当地推出，犯罪不应归咎于违法犯罪者或应避免惩罚，因为行为就来自我们自己的意志和慎思。未来的事肯定是未来的，但不是不考虑一个人做了什么或没有做什么。尽管如此，大前提的真实性对我们来说是确定的："凡是被预见到或被命定的，都会绝对无误地发生。"但小前提的真实性对我们来说不是确定的："这是可以预见的。"因此，这种三段论在实践中毫无意义。那些未知的法令的绝对无误性对我们的慎思也毫无影响。上帝明智地把未来的结局埋在了黑夜里。所以对拣选或美好结局完全确定对我们来说没有用处。然而，未来的事并不因此就是必然的；而并非未来的事也并不因此就是不可能的。如果有人用未来犯罪的确定性作为其犯罪的借口，这只不过是他徒劳无益的号叫和回到已被古人所拒绝的懒惰的诡辩。世俗世界和精神世界中的未来的事都是确定的，但与我们的选择和协同作用结合在一起，并伴随着过失和惩罚。无论怎样，尽管人们倾向于这种诡辩，以此来支持他们的无知和愚蠢，真理都不应该被拒绝，即使有人通过这些荒谬的结论来滥用它。

§42（f）我们不能做我们实际上在做的事吗？从行动到 [131] 潜能的推论是有效的。

§42（g）当我们考虑到我们是自由的时，我们就会精力充沛地行动，并借此超越自身；而当我们考虑到神的知识是确定的时，我们就会心甘情愿地忍受那些我们无法阻止的事。前者把我们唤醒，后者使我们平静。前者有助于我们把握未来，后者有助于我们承受现在，并在实践中理解现在。

§42（h）"自由"的定义应当被予以解释，以免人们对这个词产生争论。如果自由被置于慎思的能力之中，在做那些经慎思所确立的、在此情况下便不会超出我们的能力的事情时，那么任何神志清醒的人都不会怀疑自己是自由的。如果自由被认为是一种均衡的漠然态度，或者是缺乏一种决定理性的"倾向"，那么它就是虚幻的，是无法被承认的。最后，如果我们用心灵的力量去追求自由，而不是用激情去追求自由，那么，就我们运用我们的理性而言，我们或多或少都是自由的，而从这个意义上讲，人在堕落之前更自由。参见 §40d。

§43（a）如果一个自由的行为是经过慎思的、脱离必然性的自发行为，那么自由在我们的各个方面就都存在。但如果自由的行为与被迫的行为截然相反，那么我们越是更多地被激情而不是理性所驱使，我们就越是被外物所奴役。圣维克托的休格正确地将这两种含义结合在了一起（Summ. Sent. tr. 3, c. 9）：[109]"自由不会，"他说，"由于必然性而丧失，但却会由于罪恶而丧失。"这说法没错。我们能抑制激情，花一些时间慎思，更加孜孜不倦地探究，改变对象，避免诱惑的机缘，探究各种截然不同的选择，然后逐渐把一种习惯变成另一种习惯，这一点千真万确。即使在我们内部的和外部的所有环境同一时间被考虑到的情况下，一个全知的绝对无误的知者确信我们不会采取不同于我们实际上将采取的行动，我们也永远不会处于这样一种状态，即正如杜兰德所指出的那样，我们不可能（也就是，绝对不可能）采取不同的行动。参见 §16a。所以那些关于命运、不可避免性、不可抗拒性的说法是真还是假，取决于它们是如何被接受的：就它们与绝对无误性、确定性和规定性有关而言，它们为真；但就它们与必然性或那种其对立面不可能的东西有关而言，它们为假。当我们自由行动时，我们总是**有倾向**，从来没有**被强迫**。

§43（b）当然，应许、命令和劝勉并不是徒劳，因为这些东西往往是意愿的原因，它们构成了很大一部分的环境影响。即使是绝对必然性的拥护者也不会怀疑这一点。

§43（c）这些话表明劝勉是空洞的，抗拒之恶更大，尽管这不是作者在这里说这些话的目的。

§43（d）因为诅咒本身并不是上帝想要的，所以祂无意加重诅咒。相反，因为上帝借着某种等级的意志有意让所有人得救，所以祂有意让恩典和恩典管道对那些蒙恩之人都有用。因为所赐恩典由以被拒绝的那种抗拒来自一种与当前环境有关的更广泛的堕落（因为绝对地讲，所有人都是同样堕落的，尽管根据环境和对象不同而各不相同，参见§9d），所以所赐的恩典管道通常不会增加恶，而只会使其显著。所以诅咒并不会变得更严重，但事实是它会变得更严重，尽管这不是上帝［在赐予恩典和帮助时］为自己所定的目的。参见§7e。

§44（a）它们不是相反的意志，而是完全不同的意志；它们并不是来自相反的意愿样式，而是来自不同的意愿样式。

§44（b）我认为这种说法很对，即上帝没有命定我们犯罪，而只是如我们常说的那样，允许我们犯罪。

§44（c）上帝不让我们犯罪的意志常常是无效的，然而祂允许我们犯罪的意志却是有效的，而且是绝对无误的。但我们会犯罪，或祂会让我们犯罪，这绝对不是祂的意志。

§44（d）有必要提醒注意的是，相信上帝专横地对人下诅咒的那些人会把上帝描绘成一个卑劣的暴君并且使人类更加远离智慧和尊敬。

§45（a）也就是说，如果受造物的行为是自由的，那么上帝自身就没有意愿那些行为，而是帮助或仅仅允许它们；所以，它们不像直接从祂而来的其他行为那样独立或完全；无疑，这样一种受造物特有的行为并不是起因于神的行为的某种缺陷，而是起因于事物的秩序，这种秩序要求某些事情由受造物来决定。

§45（b）然而，受造物的自由行为（不管是善的还是恶的）中任何绝对的实在性或完满性都来自上帝，所以它们并不比所有其他行为更少地依赖于上帝，因为它们包含了完满性。但至于这些行为所包含的不完满性，它们都不是来自上帝。

[135]　　　§46（a）或更确切地说，智慧的高度并没有降低。

§46（b）这些事物只是看上去混乱：**110** 对更深刻地理解一切事物的上帝来说，即使在这些被认为不规则和奇形怪状的事物中，秩序和美也是显而易见的。

§46（c）上帝支配形体，就像工匠支配他的机器一样，而祂支配心灵，则像君王支配他的臣民一样。不过，两者之间还是有区别的，因为君王并不像上帝平等地进入心灵的活动那样平等地进入臣民的灵魂。对形体和心灵来说共同的一点是，它们所有的完满性都源源不断地来自上帝。

§47（a）即使没有先知，我们也可以从事物的本性推定关于未来偶然事物的真理是确定的。参见§48。

§47（b）根据就在上帝所选择的那种祂观察到这些事情就存在于其中的、被认为可能的序列之中。参见§16a。

§48（a）也就是说，并不是由于一种必然的确定性。

§48（b）即使未来的事没有必然性，我们也应该说，未来的事由于对它们所做的**有倾向的规定**而以某种方式包含在它们的原因之中。我们应该确信，考虑到为什么某个事情会发生而不是不发生，为什么它会以这种方式发生而不是以其他方式发生，任何事情的发生都有其理由。参见 §16a。

§49（a）有条件的预知或**中间知识**产生于神的单纯心智的知识或神对可能事物的认知，甚至如前面所解释的那样，对那些未被带入现实的事物的认知。

§50（a）那行在上帝里面的，上帝并没有不赐予他恩典，这一点千真万确。当圣经上说这并不总是在乎"那定意的或那奔跑的"**111**时，这并不意味着真诚意愿的人是无能为力的，而是说他的全部意志是不够的，尤其是当他缺乏光的时候；而且意志也不够恒定。最后，如果他得到了帮助，那也不是靠人的意志，而是靠上帝的怜悯；因此，不可否认的是，当一个善良意志被给予时，怜悯也随之而来。此外，若没有神的激励，人在悔改中便不会产生正确的意愿。

§50（b）我们应该确信，上帝赐充分的恩典给众人，叫人若不因自己的过失灭亡，就不会灭亡。然而，我们并不总是很清楚这种恩典意味着什么。参见 §29。

§50（c）参见 §27d。 [137]

§51（a）说得好。

§51（b）这样一种善不可能与宇宙中的其他善一道出现，否则它早就与它们一道出现了。

§53（a）为什么不需要呢？无论你认为保罗讨论的是个

人还是民族，同样的困难都会出现；任何一种情况都触及神丰富的智慧的深处。**112**

§53（b）如果上帝让[心]刚硬，那么这应该被理解为是由事物序列所产生的外在原因和环境所引起的，而不是由某种反恩典（anti-gratiae）的内在注入所引起的。

§54（a）这些解释需要更大篇幅的讨论。但与此同时，关于圣经中的这些话，我们已经说得够多了，所以就不再赘述了。

§55（a）毫无疑问，恩典是会被抗拒的，我们心中有一种抗拒恩典的力量。但这并不意味着任何恩典都不能由于本身而有效。

§56（a）除这些抗辩派和所有的索齐尼派及其追随者之外，其余的福音派和经院莫利纳派都不否认上帝协助实有的罪；事实上，他们也不否认上帝的完满性连绵不断地从祂那里流溢出来，而这种完满性即使在最小的罪行中也能被发现。

§56（b）罪不仅仅是一种否定，罪的不完满性是一种限制，就像一个被撞击的物体的"缓慢"抗拒推动力的作用一样。这种力来自推动的一方，这种缓慢则来自受动的一方，它只不过是某种缺失。

§56（c）如果上帝物理地预先决定了一个人时，那么这应该从行为的完满性以及祂赋予了可能事物以实在性来理解。

§56（d）上帝既不是罪的创造者，也不是最充满罪恶的行为的创造者，正如推动力不是缓慢的原因。随河水顺流而下的船只，装载得越重，移动得越慢。所以这个力来自推动的河流，这种缓慢则来自被移动的物体的惯性阻力。

§57（a）受造物就其行为的不完满来说决定它自身，就像被推动的物质团块就其缓慢来说决定它自身一样。理性受造物由自由意志决定他们自身，其他受造物则由某种野蛮的原因决定。奥古斯丁和圣托马斯曾不无正确地指出（参见 *Summa Theologica* 1.2 q. 9, art. 9）[113]，灵魂在上帝留在受造物上的痕迹的激励下迈向最高善的同时，也放弃了它自身惯性的推动，或者可以说，它自身力量的推动，并且依附于受造物。[114] 由此我断定，要么上帝必然根据所预见到的障碍来增加推动力，要么上帝必然减少障碍和抗拒，或对造物的依附。

§58（a）那种认为人性因恩典而一成不变以致它在这方面也无法[115]改变的观点是毫无道理的，它需要一个新的奇迹，需要任何启示都不能教给我们的某种东西。所有事物的倾向，无论是自然的还是超自然的，都会在此生因相反的行为而削弱。因为超自然的习性，不管它们的起源是什么，仍然以与自然习性相同的方式存在于主体中，正如它会从虔诚的运用中得到增强，它也会在相反的运用中被削弱。日常经验证明这显然是对的。那些持不同意见的人有大力反对他们的理由、经验、经文以及整个天主教会永恒的共识；因此，一个人能够得出这样的结论，即除了那些永蒙保守的人和选民之外，没有人真正悔改，这是一个奇迹。但如我所愿，这种异议更多的是言语上的，而不是实质上的。

§59（a）现代加尔文教派不否认未来事物的偶然性（我认为），而且也不否认对偶然事物有某种先见。

§60（a）因为双方都在很大程度上确立了真理，尽管以不同的方式。

§60（b）拒绝别人的观点比保护自己的立场更容易犯错误。

§60（c）双方的大部分都很容易得到调和与证明；我们应该避免所有那些被来自同一宗派的许多人所拒绝的过激行为。

§61（a）他恰如其分地加上了"轻易"一词。因为我宁愿认为，当一个人遇到无法回应的异议时，他就不应该把任何东西看作是真的。我想知道，除非我们不能破坏支持某种东西的论据，否则我们有什么权利去承认某种东西是确定的，并被证明了？确立肯定性的主张的根据也适用于确立否定性的主张。而同时持有一种肯定性的观点和否定性的观点，这几乎不可能发生，除非是一个非常愚蠢的人，他就像喜剧中那个愚蠢可笑的法官那样会改变他的思维。然而，当双方都用可能的论据——它们在很多时候似乎是同样均衡的，而在那种情况下，对我们来说就达不到"理性的平衡"——来争论某件事时，那就另当别论了。

[141]

§62（a）虽然上帝是**独立的**，但祂仍然按照事物的本性行事。那种把上帝的**绝对支配权**视作专制的观点是错误的，是配不上上帝的，但如果有人把这种观点延伸至最高权力的归属之外而把正义也包括在内，那就是正确的；因为那样的

190

话，正义就会拥有权柄，正如悲剧诗人所说：正义存在于武器之中。**116** 就上帝而言，祂固然允许自己所喜悦的事情发生，但唯有智慧、正义、圣洁的事，才蒙神喜悦。

§62（b）那些无法轻易回答的异议并不能反对真理。

§63（a）我感到惊讶的是，许多人竟把无限完满和独立与良善以及神其他的德性对立起来，就好像出于某种原因，它们似乎彼此冲突。

§64（a）在我看来，两种方式中的任何一种都不比另一种更可取，但我们可以恰如其分地使它们彼此达成一致。

§64（b）然而，这些观点不可能从某些前提出发通过适当的推论得出相反的结论。因此，在双方的前提、双方论点或双方之间的对立中也就存在着各种各样的缺陷。参见 §67。众所周知，我们有时会在某一论点中发现错误，而正如我们已多次指出的那样，我们也经常在对立的论点中发现错误。

§65（a）但如果我们准确地考虑这一切，就没有理由惊慌了。"恩典受制于自由选择"这种说法是不合适的。毫无疑问，无所不知的上帝会使祂的法令和祂达到所定目标的手段顺应对象；但这并不是让艺术家受制于对象，而是艺术家在使自己顺应对象的同时，让对象受制于他。基督之死的功德并没有受到阻碍，虽然在某些情况下，正如更可取的那样，它所能成就的不能比人所意愿的更多。尽管如此，这并取决于他们的意愿。"现在为神所爱"，后来又"被神所藐视"，这都是一些修辞，只要解释得当，它们所带来的困难就会消失。上帝爱祂在人身上的恩赐，即信实和德性；祂憎恨人内在的堕落及其后果。这里不存在不完满或无能，除非这些词被不恰当地理解，也就是说，以人的理解方式来理解。

[143]　§66（a）绝对弃绝、决定一个人必须犯罪、拒绝给予充分的恩典，这三种情况都会因人的功德而被拒斥，并且它们不会以任何方式从神的独立性中流出，因此，除非我们在处理前后矛盾或难以理解的说法时没有对其做出巧妙的解释，否则不完满或不公正不会随之而来。

　　§67（a）更确切地说，同一上帝观念的不同方面，一方更强调物理的方面，另一方则更强调道德的方面。一方更倾向于认为上帝是宇宙的建筑师和统治者，另一方则更倾向于认为上帝是心灵的主宰；当涉及问题的实质时，双方都完全合适。

　　§67（b）但是，人们还没有充分地认识到，上帝竟如此巧妙地、成功地掌握着万物的理由，以至于就心灵而言，宇宙服从祂的统治，而这些心灵反过来又充当宇宙的饰物。

　　§67（c）**一方经常说**：上帝意愿罪；祂意愿完全的毁灭，不顾及罪；祂能够理直气壮地诅咒一个无辜的人；祂的意志取代了正义和理性（或者说，正义或道德是一种武断的东西）；祈祷、默想和留心都是徒劳的；疏忽和放纵不会造成伤害；我们被拣选是绝对确定的，不管我们做或不做什么，同样我们悔改也是确定的，也不是出于其他理由。**另一方则经常说**：善行不需要神恩的帮助；一个人因为他的功德或价值而获得神的帮助；上帝不协助受造物的行为；未来偶然事物不属于预知或预定的事物；根本就不存在对得救的人的拣选或指定。我认为，如果这些令人难以忍受的说法消失了（它们似乎差不多消失了），双方在许多问题上就会达成一致，而剩下的争端也就不那么重要了。

§68（a）仅仅知道我们依赖祂并且我们在祂的掌控中，还不足以**真正顺从上帝**；这种顺从是被迫的，就像我们顺从一个暴君一样。除此之外，我们还必须认识到，上帝的行为是最明智的，也是最公正的。我们不但要服从，也要知足；这要求我们爱上帝、信靠上帝。

§68（b）而对立的观点——［即抗辩派的观点］——也不能为［这种警醒和留意］进行辩护。因为我们警醒是出于上帝，这警醒原是在神的旨意中预备好的，蒙神定意得着善果，这果子就传给我们了。

§68（c）这些做法在每个体系中都备受称赞。确实，它[145]们应该存在于每个体系中，并且它们在每个体系继续捍卫其自身基本原则的同时也可以存在于每个体系中。从谦卑、顺服上帝、顺从神的旨意、信靠神的恩典、在祷告中得到幸福来看，这种说法不仅在绝对法令的情况下成立，在有条件的法令的情况下也成立。反过来，就留意灵命的成长和今生犯罪的机缘而言，一个人不仅要在有条件的法令的情况下保持警惕，也要在绝对法令的情况下保持警惕。

§68（d）一个人可能会因对神恩的错误理解而得意骄矜并沉溺于一种安全感，而另一个人，在法利赛人式的虚荣心的控制下，则可能会因运用其过度自信的德性而走向毁灭。一个人可能会因为他在自己身上没有感受到足够的恩典的帮助而没有希望，而另一个人则可能会因为他没有察觉到自己意志的力量而没有希望。假如这些东西不能从每个教派的基本原则中正确地推导出来的，那么不偏不倚地讲，两者都是错误的。

§69（a）**117** 在这些问题上，双方都倾向于超越自身的原则，即遵循人们通常走极端的习惯。与我们有关的事件不是被单独预定的，而是只有在我们的行动被集体确定之后才被预定的。我们身上的善都是神所赐的；任何人都不应该认为，他已经得到了恩典，不再需要为了让他的奋斗画上一个圆满的句号而表现出极大的谨慎。

§69（b）事实上，改革宗并没有破坏自由，除非他们提出"完全均衡的漠然态度"这种虚构的东西。如果一个抗辩派信徒坚持这种虚构的东西，那他就错了。正如，反过来，如果一个改革宗思想家破坏了偶然性并代之以绝对必然性，那他也就错了。这一生中没有什么是完全必然的，也没有什么是完全不确定的。

§70（a）正当合理的后果不能归咎于不理解它们的人，但可以归咎于它们由以产生的那种教义。对于那些被怀疑在捍卫一种腐化的教条的人，以及那些捍卫该教条可由以被准确推出的那种立场的人，我们也必须这样说。这种怀疑会随着主题难度的增加而相应减少。在这些问题上，我想说的是，一个人可以通过多加谨慎和节制来克服这些困难。因为它们更多地来自人们混乱的思想和表述，而不是事情本身。

§71（a）这些说法再正确不过了，也再真实不过了。这些表述不仅更柔和，而且也更适宜、更真实。参见 §40b。任何弃绝都不是积极的，也就是说，绝对的或独立于被诅咒的人 [147]
的堕落之外的，也没有这种必要。

§71（b）但我得承认，这就把关于亚当的罪的原因的问题（关于这一点，前面已经说得够多了）搁置了起来。任何人都不会因亚当的罪而被诅咒，只会因他们自身的罪而被诅咒。

§71（c）他们应该避免绝对拣选教义的哪些后果，以及哪些后果是无法避免的，我们不得而知。

§72（a）这种差异的原因可以从我在 §39 中提到的巴塞罗缪斯·凯克曼（Bartholomew Keckermann）[118] 和同类人物的说法中得到最好的解释。如果蒙拣选得救恩是通过一种恩典的行为来完成的，那么它就可以独立于选民的功德和可贵的品质。由于被弃绝受诅咒是一种正义的行为，所以它不能独立于过错或过失，不能与这些东西无关。

§72（b）这一点完全正确。我们区分了除对恶行中的善之外不起作用的**神的协助**和以允许的方式针对过失之恶与以并非绝对的方式针对惩罚之恶的**神的法令**。参见 §40b。

§72（bb）这只适用于那些因人生阅历而不愿讨论这些问题的人，而不适用于那些以研究为职业或目标而不得不处理这些困难的人。

§72（c）除非我弄错了，否则，如果我们遵循上述的和解方法，这些困难是可以避免和解除的；撇开这些困难不谈，**具体地**解决这个问题就既没必要，也不被允许，因为正如那些关于上帝为什么允许某些恶或允许这些人而不是那些人堕落的问题一样，这个问题也涉及事物序列和无限性。尽管在那些问题上，从我们已经说过的话来看，我们**一般**应该说些什么已经足够清楚了。

§73（a）准确地说，在同一个民族和地方的不同人中间传福音。参见 §53a。

§73（b）或者说，都不应当认为，事件以一种绝对的方式被预先决定了，无论你做或不做什么，它们都必定随后发生。参见 §11b。

§73（c）确实，因为对那些顺从的人来说，凭这一事实，恩典就足够了。参见 §29a。

§75（a）除了预定得生之外，它确实没有涉及预定。

[149]　§75（b）但如果有人问起那种由于本身而有效的恩典，这一点就不是那么显而易见了。因为我们可以使一切都与那种由于环境而有效的恩典相一致。

§75（c）如果所有这一切得到了正确的理解，那么它们就不会与其他地方所表明的内容相抵触。

§75（d）一定有人认为，这更符合普遍恩典的教义，也更符合帮助那些有善良意志的人的承诺。但就连普救派也得承认，预定或拣选并不反对那些教义。

§75（e）我曾多次指出，这一异议有可能被用来反对并非绝对的法令，反对未来事物的一切确定性，但它是一种诡辩，因为这种确定性仅存在于上帝之中，而不存在于我们之中；而且，这些东西不可能与实践有关联。事件的确定性不是绝对的，也不是独立于产生事件的原因或手段的，因为事件的原因同样是确定的。所以，双方都需要谨慎，以避免绝望和骄矜（尽管不能同等地避免，§38b），而一旦作为基础的第一原理得到保障，谨慎就会在双方那里都占有一席之地。

§75（f）即使是按照改革宗明确阐述的观点，我们也可以说，上帝并没有命定我们做与祂的命令相反的事，而只是预见到我们将会做与祂的命令相反的事，并允许这种情况发生。

§76（a）事实上，整个信条中没有双方不能赞同的命题。参见 §21。

§76（b）英国人塞缪尔·沃德（Samuel Ward）[119]及其他学者都写文章支持这种观点。托马斯·加塔克（Thomas Gataker）[120]和其他一些持有更僵化看法的人则捍卫相反的立场。

§76（c）在英国以外，有些改革宗人士认识到，真正称义的信仰在这些其后背弃这恩典并必定被定罪的人身上也可以被激发出来；这一教义最能被那些保持绝对法令完整的人所捍卫。那些宣称自己不同意这一教义的人所说的话与教会自古以来所接受的习俗相反，尽管他们与其他人的区别可能更多的是言语上的，而不是实质上的。当他们有一段时间[121]否定悔改、信仰和称义，只把这些限制在选民身上时，他们似乎明白，这些神恩还有某些更高的等级；不过，他们无法解释这些等级并因此在实践中充分地辨别它们。由此看来，这种新的教义没有任何用处，而且还有一些危险。参见 §38b。

[151]   §77（a）毫无疑问，他在整个《对〈英国国教教会三十九条信纲〉的评述》的序言中表明了自己的意见。

§77（b）因此，这应该在每一点上得到体现：我们的释文从来都不反对这位带给我们无与伦比的洞察和教义的作者，但反对那些倡导他所提到的各种教义的人。我们并不驳斥双反的基础，因为它们本身是合理的，并且是可以彼此调和的；我们驳斥了从这些基础错误地推导出来的那些令人不适的观点，这些错误不应归算于任何一方，也不应被任何一方所采纳。

注　释

引　言

我要感谢埃里克·华特金斯和罗伯特·斯莱，感谢他们帮助我整理了本文所含的历史资料，以及对这篇引言的早期草稿所作的其他有益的评论。

1　至少可参见 Jacques Bénigne Bossuet, *Oeuvres*, volume XVII (Paris: P. Leiller, 1845–1846), 360。《关于整个基督教教会之统一的相关规则》的摘要，参见 Jordan 55–62。

2　就像在康斯坦茨会议上一样，这些委员会的权威在 1682 年法国神职人员大会上也遭到了严重的质疑。

3　莱布尼茨与鲍修爱的通信在 1699 年曾一度恢复。在这两年的时间里，他们讨论的重点主要放在了希伯来圣经中所谓的伪经的正典性上。双方在 1702 年又一次毫无缘由地结束了通信。两年后，鲍修爱去世。

199

4 *An Exposition of the Thirty-Nine Articles of the Church of England* (London: R. Roberts, 1699).

5 根据议会于 1706 年 5 月通过的《入籍法案》，选帝侯夫人索菲的后代，包括新娘和新郎，保留英国公民的权利。

6 所有的圣经引文若非另有说明，均取自新国际版。

7 通常情况下，《多特信经》所提出的五大要义都是首先列出"全然败坏的教义"，然后依次列出其余的教义，以便产生首字母缩略词"Tulip"（郁金香）。我在这里按照它们最初被多特总会提出的顺序将其罗列了出来，是为了表明它们与其所回应的《抗辩书》相对应。关于《多特信经》的全文，参见 "The Canons of the Synods of Dort," in Philip Schaff, *The Creeds of Christendom, Vol. 3: The Evangelical Protestant Creeds, with Translations* (Grand Rapids, Mich.: Baker Book House, 1977)；另参见 Christian Classics Ethereal Library, http://www.ccel.org/ccel/schaff/creeds3.iv.xvi.html。

8 可能的原因是，《多特信经》实际上是以四个"信条"的形式被提出的，其中第三个信条包含了第三个教义和第四个教义。因此，伯内特是通过处理四个信条而不是"五大要义"来设置主题的。

9 关于 17 世纪后期一位重要的改革宗神学家对堕落前预定论的讨论，读者可以查阅杜赫坦那部极具价值和影响力的作品，参见 Francis Turretin, *Institutio theologiae elencticae*, 1679–1685, topic 4, Q. 18。关于该作品的英译本，参见 George Giger, trans., *Institutes of Elenctic Theology* (Phillipsburg, N.J.: P&R Publishing, 1992)。上述引文参见 volume 1, p. 418。

10 关于我们这个时代的加尔文教徒对这种反对意见的描述，

参阅 Turretin, *Instititio*, Topic 4, Q. 11, §361。

11 毫无疑问，这假定了两个世界都是上帝"可实现的"。参 [154]
见 Alvin Plantinga, *God, Freedom, and Evil* (Grand Rapids, Mich.: W. B.
Eerdmans, 1974)。

12 莱布尼茨在 §9b 中给出了一个说明类似观点的类比。

13 请注意，这种控制足够强有力，甚至可以支持阿民念派的
堕落前预定论。因为有可能是这样的，即上帝首先颁布法令，将某些
人归入选民的行列，将另外一些人归入弃民的行列，然后寻找一个世
界，在这个世界里，只有这些受造物存在，并自由地选择接受或拒绝
上帝赐予的充分恩典，以实现上帝的拣选和弃绝法令。

14 在下文中，我将详细介绍中间知识在这幅图景中本该扮演
的具体角色。

15 正如莱布尼茨自己所阐明的那样，他并不是这一区分的最
早倡导者。其实，为了解释为什么上帝可以意愿所有人得救，却只
有某些人得救，阿民念自己也用到了这一区分。参见，比如，James
Arminius, *Writings*, volume 3 (Grand Rapids, Mich.: Baker Book House,
1956), 281。

16 Turretin, *Institutio*, topic 3, Q. 16.

17 虽然还是在略有不同的意义上。阿民念派可能不得不承认，
无论上帝创造了什么，如果最终某些可能的受造物不会自由地采取某
种行为，那么某些可能世界就是上帝所无法实现的。普兰丁格明确
阐述了这一限制条件，比如，参见 Alvin Plantinga, *God, Freedom, and
Evil*。

18 正如我们将在下文中看到的，我们可以通过说那些与受造

物对恩典的回应有关的命题都是意志后的真理，而不是意志前的真理，从而非常谨慎地提出这一说法。

19 Session 6, Canon 13, 14。关于阿民念派，参见 John Arnaldus Corvinus, *Petri Molinaei novi anatomici mala Encheiresis*（Frankfurt am Main, 1622），690。

20 毫无疑问，莱布尼茨还采取了其他路径来为自发性辩护。因此，比如，凡是为莱布尼茨否定实体间因果关系提供充分依据的东西，也就为他肯定所有实体的自发性提供了依据。

21 我在《莱布尼茨的自发性与自由》中完整讨论了自发性以及它在莱布尼茨自由观中的作用，参见 "Spontaneity and Freedom in Leibniz," in *Leibniz: Nature and Freedom*, ed. Jan Cover and Donald Rutherford（Oxford: Oxford University Press, 2005）。

22 关于人类自由和自发性的类似评论，可参见 Grua 480；另可参见 Huggard, *Causa Dei* §108（G.vi.455）。

23 Graeme Hunter, "Leibniz and Secondary Causes," in *Leibniz Tradition und Actualität: V. Internationaler Leibniz Congreß*（Hanover: Leibniz Gesellschaft, 1988），375.

24 这一观点源于圣托马斯·阿奎那。参见 *De Veritate* Q. 22, a.13, resp. and a.15, resp.；*Summa Theologiae* Ia Q. 82, a.3 ad 2。

25 毫无疑问，这一阵营的许多作家都接受那种将这两种立场结合起来的自由观。每一种策略都存在着重大的难题，但关于这一点的讨论超出了本书的范围。

[155] **26** 关于类似的表述，参见 Letter to Coste, AG 195。

27 有趣的是，并不是莱布尼茨最先对布里丹的驴子的例子做出了这种回应。这至少可以追溯至苏亚雷斯，他的回应与莱布尼茨的非常相似。参见 Francisco Suarez, *On Efficient Causality: Metaphysical Disputations 17, 18, & 19*. trans. Alfred Freddoso（New Haven: Yale University Press, 1994），277。

28　事实上，这种描述本身就是对莱布尼茨观点的过分简化。莱布尼茨认为，意志的选择在上帝、天使和有福者那里是由实践理性的判决所决定的。而人在这一生中却服从于激情的力量。对莱布尼茨来说，激情本身就是由无意识或混乱的知觉或理解所造成的种种欲望。正因为如此，意志会对激情有一种自然的欲望或努力，就像它对实践理智的判决也有那种欲望一样，因为两者最终都会成为对"某一行为对象或方式是善的"的理解，前者是无意识的理解，后者是有意识的理解。这解释了为什么人们有时会发现莱布尼茨断言，实践理智的判断并不总是有效地推动意志做出选择。因此，当选择不由实践理性的判决来决定时，它便仅仅由包含那些经过思虑的充分观念和那些引起激情的混乱而不可知觉的观念在内的知觉的判决来决定（参见 AG 194）。所以，莱布尼茨更加细致入微的观点使他得出了以下结论："此外，当我们决定去意愿的时候，我们并不总是遵循实践理智的最新判断；相反，在我们意愿时，我们总是遵从出自理性和激情的一切倾向的结果，而这往往发生在不存在理智的明确判断的情况下。"（Huggard §51; G. vi. 130）

29　参见 Michael Murray, "Intellect, Will, and Freedom: Leibniz and His Precursors", *Leibniz Review* 6（December 1996）: 25–60。

30　这种解释说明是从 A.6.3.129–131 中提炼出来的。

31　这里假设"意愿"在蕴含关系下是闭合的。虽然这作为一个一般假设可能是有疑问的，但就同一时间意识到自身所有意愿的全知存在者的意愿行为而言，它不应该是一个问题。

32 人们可能会认为，莱布尼茨和任何意志后论的捍卫者都可能试图逃避我在这里提出的问题。原因是这样的。如果彼得发现自己所处的环境中有一部分是受造物的自由行为的结果，那么上帝很可能并不意愿 C 出现，而只是允许 C 出现。再则，如果上帝并不意愿 C 出现，那么上帝也就并不意愿彼得在环境 C 下存在。因此，意志后论者就会放弃 ⑪。但以这种方式回应会带来许多困难。第一，有两种先天自由的选择可能在环境 C 中出现，即彼得的自由选择，和其他人的自由选择。如果那是其他人的自由选择，那么人们可能会说，在创世时，彼得是否会卷入那些由其他人的自由选择所带来的环境中仍由上帝来决定。因此，C 可以在彼得没有被创造的情况下出现。因此，如果 C 只包含除彼得之外的那些人的自由行为，那么出于那些[156] 我认为归属于上述意志后论者的理由，⑪ 不能被放弃。但如果环境 C 中的自由行为包括彼得先天自由的行为呢？因此，我们不能说彼得是否在环境 C 中完全取决于上帝，因为借着创造彼得，上帝创造了一个其中彼得将在环境 C 下存在的世界，对这一事实的解释必须包括彼得的某些先天自由的行为。在这种情况下，人们可能会说，彼得在环境 C 下存在，这不能被完全归因于上帝的意愿行为。它有可能是上帝部分意愿同时又部分允许的某种东西。这种试图避免 ⑪ 的方法的问题在于，每一种受造物都会有某种在那些不包括这种受造物先天自由的选择的环境下做出的自由选择。不过，在这些情况下，我们可以说"受造物在环境 C 下存在"是上帝纯粹意愿的东西。

33 在此，我无法对这一点做出历史考察，如果想详细地了解这一点，参见"Spontaneity and Freedom in Leibniz", in *Leibniz: Nature and Freedom*。我认为，我们可以从下述文本中看到莱布尼茨思想的这一重要转变，参见 Grua 312–313, A.6.4.1600–1602。如果我们注意到莱布尼茨在第一稿中持意志后论的观点，但在第二稿中却持意志前论的观点，我们就会清晰地看到这种转变。大致同一时期的文本似乎都在讨论同样的话题。其中比较重要的文本是（1）"Aus Ludovicus a Dola, De Modo Conjunctionis Concursuum Dei et Creaturum"，A.6.4.1789–1792，以及（2）"De Libertate et Gratia"。在 Grua 384–388 中，它们是两篇文章，其标题分别是"Contra Indifferentiam"和"An Causa Secunda Determinet Primam"，它们可能是同一作品的组成部分，也可能不是。

34　不是意志后论者所说的"决定"。

35　参见本文 §16a 和 §39b。莱布尼茨在其他地方也提到了这一点，参见(1) Grua 227，格鲁阿认为这一文本创作于1684年5月(?)，但科学院版的编辑们却认为它创作于 1686 年 4—5 月（A.6.4.2659–2660）；(2) Grua 230，莱布尼茨在这里没有用到"发现"一词，但他在这里却否定了恩典的内在效力，而这相当于否定了意志后论者的观点，格鲁阿认为它创作于1685年；(3) Grua 232，科学院版的编辑们认为它创作于 1687—1690 年（A.6.4.2661）；(4) "Primary Truths," AG 32，阿瑞厄和嘉伯认为它创作于 1686 年（?），但科学院版的编辑们认为它创作于 1689 年下半年（A.6.4.1643–1649）；(5) C 23–24，它是迄今为止最难确定日期的一篇文章，不过所有人都认为它创作于 1686 年或更晚些时候（主要是因为他提到了无限分析）；(6) letter to Jacquelot, 4 September 1704, G.vi. 559。

36 参见，比如，Huggard, *Causa Dei* §69；Grua 326。

37 "Rationale Fidei Catholicae", A.6.4.2321–2322.

38 想要更多地了解莱布尼茨在这一时期向意志前论的转变及其影响，参见"Spontaneity and Freedom in Leibniz"。

论预定与恩典

1 圣若望·达玛森（676 年—749 年）。

2 金口圣若望(约 347 年—约 407 年)。关于《以弗所书讲道集》，参见"Homilies on the Letter to the Ephesians", in *Patrologie grecque*, ed. J.-P. Migne（Paris, 1857–1866），volume 62。

[157]　　**3** 保加利亚主教奥赫里德的狄奥菲拉克图斯（约 1050 年—约 1109 年）。关于其全部作品，参见 *Patrologie grecque*, ed. J.-P. Migne（Paris, 1857–1866），volumes 123–126。

4 关于《论三位一体》的英译本，参见 *The Trinity*, trans. Edmund Hill（Brooklyn, N.Y.: New City Press, 1991）。

5 引自保罗在《罗马书》第 11 章第 33 节的颂赞：神的预定的理由隐藏在神的智慧的深处。

6 《马太福音》第 11 章第 21—23 节。在这段经文中，耶稣告诉他的加利利听众说，如果其他人，例如，被定罪和被毁灭的所多玛城的居民，见证了耶稣在加利利人中所行的同样的异能，他们就会悔改，并且被赦免。莱布尼茨把这作为一种利用圣经证据来支持其主张——即个人有可能在某种程度上由于他们所处的环境不同而以不同的方式回应上帝的恩典——的方法。

7 约翰·穆索乌斯（1613 年—1681 年）是一位路德宗神学家。

这里所引用的作品是 *De aeterno electionis decreto an eius aliqua extra Deum causa impulsiva detur necne*（Jena, 1668）。

8 1580 年印刷的《协同书》旨在调和路德宗内部派系的纷争。鉴于这场派系纷争，这本书的最后一部分，即所谓的"协同信条"，对"奥格斯堡信条"（the Augsburg Confession）做出了修订。关于《协同书》的英译本，参见 *The Book of Concord*, trans. Theodore G. Tappert（Philadelphia: Fortress Press, 1959）。

9 约翰·胡尔斯曼（1602 年—1661 年）。这里所提到的作品是 *Vindiciae s. scripturae per loca classica systematis theologici: prae-lectiones academicae in librum concordiae: Patrologia succincta, vice appendicis loci de ecclesia repraesentiva: annotationes ad breviarium theologicum . . .*（Leipzig, 1679）。

10 普瓦捷主教圣希拉流（大概死于 367 年）。关于这部作品的英译本，参见 *The Trinity*, trans, Stephen McKenna（New York: Fathers of the Church, 1954）。

11 奥利金（约 185 年—约 253 年）。关于这部作品的英译文，参见 *Homilies on Genesis and Exodus*, trans. Ronald E. Heine（Washington, D.C.: Catholic University of America Press, 1982）。

12 凯撒里亚的主教凯撒里亚的尤西比乌（约 260 年—约 340 年）。关于这部作品的英译本，参见 *Preparation for the Gospel*, trans. Edwin Hamilton Gifford（Grand Rapids, Mich.: Baker Book House, 1981）。

13 这里所提到的作品是耶胡达·哈列维于 12 世纪创作的《库萨里》。关于这部作品的英译本，参见 *The Kuzari*, trans. Hartwig

Hirschfeld（New York: Schocken Books, 1971）。

14 对照§29a。

15 参见《罗马书》第9章第16节。

16 阿基坦的圣普罗斯佩（约390年—约463年）。关于其全部作品，参见 *Divi Prosperi Acquitarici, episcopi Rhegiensis, viri eruditissimi, Opera*（Coloniae Agrippae, 1609）。

[158]

17 "预定论"是一种异端邪说的名称，而我们只有通过那部匿名的作品《被预定者》和修士高查克的经历，才能了解这一点。《被预定者》是一部5世纪中叶的三卷本著作，作者是一位伯拉纠派思想家，可能是小阿诺比乌斯（Arnobius the Younger）。第二卷——作者声称是奥古斯丁派的著作——阐述了预定论者的立场，这种观点在第三卷中受到了批评。预定论的核心主题有两个方面：（a）上帝对所有人都颁布了一个确定的预定法令，让每个人要么接受正义和救赎，要么接受罪恶和诅咒；（b）人一生所有的行为，无论善恶，都取决于这一预定法令。作者通过七个方面阐述了这一观点。其中许多立场后来不是被詹森采纳了，就是被贝厄斯采纳了，或者被两者同时采纳了，尽管他们都不知道这一著作。这部三卷本著作于1643年由雅各·瑟蒙首次出版，而大家都很清楚他与詹森的关系。预定论在第二次奥朗日大公会议上遭到了谴责，但后来通过奥尔贝的修士高查克的一部完成于848年的著作得到了复兴。849年，在兰斯大主教因克马尔的唆使下，奎尔西会议判处高查克烧毁自己的书籍并收回自己的观点。高查克收回了自己的观点，但因克马尔仍然不满意，便让约翰·斯格特·埃里金纳对这些错误进行了驳斥。853年，由因克马尔主持的奎尔西会议试图通过确认以下四个定义来确定反预定论者的议题。（1）

上帝"根据预知"从败亡的一群人中选择那些被拣选得生的人，把其余的留在那群人中。但是，那些被定罪的人所受的诅咒只是被预见到了，而不是被预定了。（2）在基督里，我们恢复了我们在亚当里失去的自由。（3）上帝有一种普遍的救世意志，那些得救的人是由于上帝的恩赐而得救的，而不是由于缺乏上帝的恩赐而得救的。（4）基督为所有人受苦，没有人被排除在外。然而，两年后，瓦伦斯会议似乎与奎尔西会议的许多声明相抵触。高查克的大部分著作都已遗失（无疑已经化为灰烬）。关于其余的文本以及其他与其教义所引起的争论相关的文本，参见 *Oeuvres théologiques et grammaticales de Godescalc d'Orbais*, ed. D. C. Lamont, O.S.B.（Louvain: Spicilegium Sacrum Lovaniense, 1945）。高查克在 17 世纪出名主要是通过以下三部作品：其中两部由雅各·瑟蒙出版，第一部是拉班努斯·毛鲁斯的书信集（美因茨大主教，约 784 年—856 年），其标题是 *Rabani Archepiscopi Moguntini de preaedestinatione Dei adversus Gothescalcum epistolae III*，1647，第二部的标题是 *Amolonis ad Gottescalcum Epistola*, 1649；以及路易·塞洛的一部作品，参见 Cellot, *Historia Gotteschalci praedestinatiani*（Paris, 1655）。

18 英国圣公会阿马（爱尔兰）大主教詹姆斯·乌瑟（1580 年—1656 年）。莱布尼茨这里所提到的作品是 *Goteschalchi et praedestinationae contrversiae ab eo motae historia*，Dublin, 1631。

19 伊普尔的主教康内留斯·詹森（1585 年—1638 年），其遗作《奥古斯丁》（*Augustinus*, Amsterdam, 1640）催生了詹森主义运动。

20 参见注释 16。

21 鲁斯帕（迦太基）主教圣傅箴修（468 年—533 年）。

22 参见注释 17。

23 参见注释 17。

[159] **24** 吉尔伯特·莫甘（死于 1674 年）是一位法国耶稣会信徒。关于其作品，参见 *Veterum auctorum qui IX saeculo de praedestinatione et gratia*（1650）。

25 就像瑟蒙一样，路易·塞洛（1588 年—1658 年）是一位法国耶稣会信徒，也是詹森主义的反对者，他出版了一本关于高查克的论战史，参见 *Historia Gotteschalci praedestinatiani*（Paris, 1655）。莱布尼茨对这本书做了阅读笔记，关于该笔记的摘录，参见 Grua 214 ；关于该笔记的完整文本，参见 LH I, i, 4, Bl. 47。参见注释 14。

26 洛泰尔（？ —855 年）、日耳曼人路易（？ —876 年）、秃头查理（823 年—875 年）是查理大帝的三个孙子，在查理大帝的儿子路易死后，加洛林王朝就被他们瓜分了。

27 圣普尔森的威廉·杜兰德（？ —1333 年）是一位多明我会主修士，他一开始在勒皮任主教，后来又在莫城任主教。莱布尼茨这里所提到的作品是 *In sententias Petri Lombardi commentariorum libri quattor*, Lyon, 1508。

28 托马斯·布雷德沃丁（1290 年—1349 年）是 14 世纪英国最著名的神学家，后来成为坎特伯雷大主教。莱布尼茨这里所提到的作品是 *Archiepiscopi olim Cantuariensis de causa dei*, reprinted Frankfurt: Minerva, 1964。

29 巴黎教区主教艾蒂安·唐皮耶（？ —1279 年）。他因为在 1270 年和 1277 年谴责了一些关于亚里士多德主义和拉丁阿威罗伊主义的论断而名声大噪。

30　胡果·格劳秀斯（1583 年—1645 年）。

31　参见《创世纪》第 16 章第 12 节。

32　约翰·威克里夫（1324 年—1387 年）。

33　De Veritate, art. 5, ad 3。关于这部作品的英译本，参见 *Truth*, Robert W. Mulligan, S.J., trans. (Indianapolis: Hackett, 1994)。

34　约翰·亚当·舍尔泽（1628 年—1683 年）是一位路德宗神学家。这里所提到的作品是 *Disputationes Anti-Calvinianae*（1684, 1704）。

35　多勒的路易斯（？—1636 年）是一位嘉布遣会修士。关于其唯一的作品，参见 *Disputatio doctissima quadripartita de modo conjunctionis concursum Dei*（Lyon, 1634）。让·洛努瓦和弗朗索瓦·贝尼尔（参见注释 36）都是他的支持者，洛努瓦在他的书中提到了路易斯的观点，参见 Jean Launoy, *Syllabus rationum quibus causa Durandi*（Paris, 1636）。关于莱布尼茨对多勒的路易斯所作的札记，参见 LH I, 9, B1. 387。另参见 Leibniz, *Theodity* §27 (G. vi. 118)。

36　弗朗索瓦·贝尼尔（1620 年—1688 年）。这里所提到的作品是 *Traité du libre et du voluntaire*（Amsterdam, 1685）。参见 Leibniz, *Theodicy* §27 (G.vi.118)。

37　西奥菲勒斯·雷诺德（1583 年—1663 年）是一位耶稣会信徒。这里所提到的作品是 "Nova liberta Gibieufana discussa", Pars II, cap. 4 (*Opera Omnia*, t. 18, Lyon, 1665, pp. 97–116)。莱布尼茨对这一作品做了札记（LH I, 1, 4 Bl. 62–65）。参见 Leibniz, *Theodicy* §371 (G.vi.335)。

38　托马索·卡耶坦（1469 年—1534 年）是一位多明我会神学

家，也是枢机主教。

39 许勒威斯特·普利艾利阿斯（1460 年—1526 年）是一位多明我会神学家，被认为是第一位公开回应路德的罗马神学家。关于其全部作品，参见 *Summa Sylvestrina*, ed. P. Vendramenus（Venice, 1606）。

40 里米尼的格里高利（死于 1358 年）。

[160]　**41** 加布里埃尔·比力（1420 年—1495 年）。

42 弗朗索瓦·瓦加斯（1484 年—1560 年）是一位西班牙法学家，他担任那些负责特伦托会议上众多事务的教会官员的顾问。这里所提到的作品是 *Lettres et mémoires de François de Vargas*（Amsterdam, 1700）。

43 迈克尔·贝厄斯（1513 年—1589 年）。

44 雅克·莱捏慈（1512 年—1565 年）。

45 阿夸维瓦的克劳狄（1543 年—1615 年）于 1581 年当选第五任耶稣会总会长。在他治下，耶稣会士的权力遭到了削弱，他们由于民族主义的问题而经历了派系斗争，并脱离了托马斯主义，而这引发了他们与多明我会士的争端。

46 亚当·坦纳（1572 年—1632 年）是一位奥地利耶稣会士，他在多所大学教授过神学。莱布尼茨这里所提到的作品是 *Universa theologis scholastica*（Ingolstadt, 1626）vol. 2。

47 1605 年 5 月 16 日，卡米洛·博尔盖索（Camillo Borghese, 1550 年—1621 年）继利奥十一世后当选教皇。

48 阿方索·萨马伦（1515 年—1585 年）。

49 孔扎大主教安布罗斯·卡塔林（1483 年—1553 年）是一位

多明我会士。关于对这里所提到的观点的辩护，参见 *Summa doctri-nae de praedestinatione*［...］*adiicitur et lucubratio De veritate enuncii-ationum; Summa idem doctrinae de peccato originali, adiicitur et dialogus de justificatione*（Rome，1550）。

50 阿尔伯特·彼济乌（1490 年—1542 年）是一位天主教神学家、科学家和数学家。关于这里所讨论的问题，参见 *De libero hom-inis arbitrio et divine gratia libri X*（Cologne，1542）。

51 Alfonso Salmeron, *Alfonsi Salmeronis Toetanti* ... *Commentarii in Evangelicam historiam, et in Acta Apostolorum*（Coloniae Agrippinae，1602—1604）。他对《罗马书》的评论见于十六卷本的第十三卷和第十四卷。

52 佩德罗·丰塞卡（1528 年—1599 年）是一位耶稣会哲学家和神学家，被认为最早引入了"中间知识"的概念。

53 莱布尼茨在《神正论》中也讨论了圣普尔森的杜兰德的这个观点，参见 *Theodicy* §360–361（G.vi.328–329）。

54 莱布尼茨这里指的是孔扎大主教安布罗斯·卡塔林（1484 年—1553 年）对卡耶坦所作的广受讨论的评论。《论预知与天意》这部作品讨论了预定、拣选以及关于未来偶然事物的真理，参见 *De praescientia et providentia Dei*，Paris，1535。

55 这是一个错误的引用，因为这个问题只有 6 条。莱布尼茨可能指的是第 2 条、第 3 条或第 6 条中与这里所讨论的主题有关的各部分。

56 鲁汶大学教授弗洛蒙和伊普尔教堂的教士亨里克斯·卡列诺斯（Henricus Calenus）是詹森著作的执行人。尽管罗马禁止出版任何有关恩典的著作，他还是把《奥古斯丁》发表了出来。

57 这里所提到的作品是 Jansen, *Alexandri Patricii Armacani Theologi Mars Gallicus seu de justitia armorum regis Galliae libri duo*、1635。这本书讽刺了枢机主教黎塞留（Cardinal Richelieu）的外交政策。作为法国内阁成员，黎塞留因与外国新教徒结成备受批评的联盟而声名狼藉。

58 1644 年 9 月 15 日，枢机主教乔凡尼·巴提斯塔·庞菲利（1574 年—1655 年）继乌尔班八世之后成为教皇英诺森十世。1642 年，乌尔班对詹森的著作《奥古斯丁》给予了一般性的谴责。有些评论家认为这种谴责是由耶稣会信徒不赞成詹森的作品而引起的。由于詹森的具体主张没有被单独挑出来加以谴责，那些支持詹森的人觉得可以自由地讨论甚至赞扬詹森作品中的许多有争议的主张。出于对这一结果的不满，巴黎大学理事尼古拉斯·科尔内（Nicolas Cornet）从《奥古斯丁》中撷取了五个中心论题，并于 1649 年将它们提交给巴黎大学神学院进行审查。鉴于议会对詹森派的支持，教会官员不愿对五项命题做出裁决。于是，在 1651 年，85 名主教呼吁罗马就它们发表一个明确的声明。该声明出现在了教皇于 1653 年颁布的诏书（*Cum occasione*）中，英诺森在此正式谴责了这五项命题。这里莱布尼茨指的是随之而来的论战。少数詹森派信徒，其中包括帕斯卡，决定藐视教皇的法令。而大多数詹森派信徒，以阿尔诺为首，宣称乌尔班八世所谴责的命题确实应该受到谴责，但詹森著作中根本就没有这些命题。这样一来，詹森派信徒就有理由支持在《奥古斯丁》中所发现的教义，并且坚持那些受到谴责的文字（即使不是精神）。这一策略致使教皇亚历山大七世又颁布了一道诏书（*Ad Sanctam Petri Sedem*），他在诏书中再次对这五项命题进行了谴责，并进一步断言这五项受到谴责的命题确实得到了詹森的《奥古斯丁》的支持。因此，这道诏书引发了更深层次的争论，即教会无谬说是否超出了权利问题，延伸到了事实问题上。这五项受到谴责的命题是：（1）对于那些希望并努力遵守神的诫命的人，考虑到他们实际拥有的能力，有些诫命不可能恰好适用于他们；那种使这些诫命在他们身上可行的恩典同样也是缺乏的。（2）在本性堕落的状态下，没有人会抗拒内在的恩典。（3）无论好坏，在本性堕落的状态下，我们都必须摆脱所有外在的束缚，而不是内在的必然性；半伯拉纠派承认，一切行为，甚至是信心的起头，都必须有内在的预设恩典；但他们却掉进了异端邪说，因为他们妄称这恩典可以叫人跟从，也可以叫人抗拒。（5）说基督为所有人而死或流血是半伯拉纠派的一大特色。

59 安东尼奥·皮尼亚泰利（Antonio Pignatelli，1615 年—1700年）。1691 年 7 月 12 日，他继亚历山大八世之后当选教皇。

60 1667 年，他当选法国教皇，1668 年，他通过策划所谓的"教会和平"，解决了詹森派最初的一些紧张局势。这样一来，阿尔诺、拉兰（Lalane）、尼古拉（Nicole）得到了认可。詹森派和反对者之间所有进一步的争论都被禁止了，并且最后，对皇家港口修道院的禁令也被解除了。

61 继克雷芒九世之后，埃米利奥·阿尔蒂里（Emilio Alt-ieri，？—1676 年）于 1670 年 4 月 29 日当选教皇。 [162]

62 继克雷芒十世之后，贝内代托·奥特斯卡尔奇（Benedetto Odescalchi，1611 年—1689 年）于 1676 年 9 月 21 日当选教皇。

63 塞莱斯蒂诺·斯丰德拉特（1644 年—1696 年）是一名本笃

会枢机主教。关于其作品，参见 *Nodus praedestinationis ex sac. litteris doctrina que SS. Augustinae et Thomae quantum homini licet dissoluts* (Rome, 1697)。这部作品替莫利纳主义的预定论做了辩护。

64 继英诺森十二世之后，阿尔巴克尼（1649 年—1721 年）于 1700 年 11 月 23 日当选教皇。

65 莱安德罗·科洛雷多（1639 年—1709 年）出身名门望族，被英诺森十一世任命为大主教，后又被任命为枢机主教。他受惠于托斯卡纳大公柯西莫三世（Cosimo III）。

66 这位圣宫的神学大师是一名多明我会士，他是教皇的特别神学顾问。在 16 世纪，神学大师负有谴责非正统作品的责任。当这种权力转移到宗教裁判所的教团时，神学大师成了该机构的当然成员。

67 保罗·萨尔皮（1552 年—1623 年）是一位威尼斯神学家，也是罗马的劲敌。这里所提到的作品是 *Istoria del Concilio tridentino*，1626。关于这一作品的英译本，参见 *The History of the Council of Trent*, John Herringman and Henry Herringman, trans.（London: J. Macock 1676）。

68 "中国事件"指的是贯穿整个 17 世纪并延续至 18 世纪初的"中国礼仪之争"。这场争论的中心问题是，尊崇孔子和祖先的儒家礼仪是否符合正统基督教的实践。这个问题对在中国传教的罗马天主教传教士来说至关重要，因为 17 世纪的中国皇帝坚持传教活动不能干扰中国政府官员履行与其职务相关的礼仪和仪式。耶稣会士对禁令提出上诉，禁令随后在 1656 年被撤销。莱布尼茨认为这种立场是温和的。然而，就在莱布尼茨创造这一作品的时候，克雷芒十一世也正准备对这种实践发布一份新的谴责声明，而这份声明也将在 1715 年得到重申。

69 菲利普·梅兰希顿（1497 年—1560 年）。

70 格奥尔格·卡利克斯特（1586 年—1656 年）是一名路德宗神学家，曾在黑尔姆施泰特和布伦瑞克任教。

71 康拉德·霍内乌斯（1590 年—1649 年）是一名路德宗神学家，也是卡利克斯特的学生和盟友。

72 引自《罗马书》第 11 章第 33 节。

73 约翰·布拉姆霍尔（1593 年—1663 年）是伦敦德里的圣公会主教，后来被任命为阿马的大主教。莱布尼茨这里所提到的作品是 Hobbes, *An Answer to a Book Published by Dr. Bramhall . . . called, The Catching of the Leviathan* (London: Crooke, 1682)。另参见 Hobbes, *The Questions Concerning Liberty, Necessity, and Chance Clearly Stated and Debated between Dr. Bramhall, Bishop of Derry, and Thomas Hobbes of Malmesbury* (London, 1656)。关于莱布尼茨对后者所作的札记，参见 LH I, 1, 4 Bl. 18–19。另参见 *Theodicy*, "Reflections on Hobbes" (G.vi.388–399)。 [163]

74 这里应该是 "omnis"，而不是 "omni"。

75 这里应该是 "mereat"，而不是 "merat"。

76 约翰·皮斯卡托（1546 年—1625 年）是一位捍卫绝对法令的加尔文教徒。参见 John Piscator, *These theologicae de praedestinatione* (Herborn, 1602)，bk. 5, pp. 137, 153。

77 保罗·佩利松（1624 年—1693 年）出身于一个法国新教徒世家，他转信了天主教，并且后来在教会中担任过若干职务。关于莱布尼茨与佩利松的通信，参见 A.1.7.129–334 以及 A.1.8.115–220。

78 原文是"Sunt superis sua jura"，参见 Ovid, *Metamorphoses*, book IX, line 500。

79 阿伊的彼得（1350 年—1420 年）是一位罗马枢机主教。

80 西奥多·伯撒（1519 年—1605 年）、丹尼尔·沙米耶（1565 年—1621 年）、威廉·惠特克（1548 年—1595 年）以及莫伊兹·亚目拉都（1596 年—1664 年）都是加尔文派思想家。

81 这一术语的原文是"ἀυπευθυνος"。它用来形容那些其行为不受公众监督的雅典官员。

82 "Res judicata"是一个法律上的专业术语，指的是已由法院做出判决的案件。

83 这里应该是"intellegere potest"，而不是"intellegere"。

84 这里再次提到了圣保罗在《罗马书》第 11 章第 33 节对神在预定问题上不可测度的道的颂赞。

85 圣维克托的休格（Hugh of Saint Victor, 1096 年—1141 年）是一位法国奥古斯丁会修士。

86 莱布尼茨这里引用了《罗马书》第 9 章第 13 节。

87 切利奥·塞孔多·库廖内（Celio Secondo Curione, 1503 年—1569 年）是一个饱受迫害的意大利新教徒，他教导说，即使不是普遍得救，至少得救的人也会远远多于受诅咒的人。这里所提到的作品是 *De amplitudine beati regni Dei dialogi II*（Poschiavo in the Grisons, 1554）。

88 参见注释 28。

89 本尼迪克图斯·阿雷蒂乌斯（1505 年—1574 年）是一位瑞

士植物学家和加尔文派神学家。莱布尼茨这里所提到的作品是 *S.S. Theogiae Problemata*（1617），Locus VI。

90 约翰·克罗齐乌斯（1590 年—1659 年）是一位德国加尔文派神学教授。

91 莱布尼茨这里引用了《马太福音》第 11 章第 20—24 节中耶稣的说法。

92 这些词是对《以弗所书》第 1 章第 4—10 节中"美意"一词的不同翻译。福音派和改革宗用这个词来指那些驱使上帝做出选择的未知或不可知的动机。参见引言 2（1）。

93 莱布尼茨用到了"conatus"（这里译作"努力"）一词，他在物理学和形而上学著作中都用到过这个词。在本文中，这个词表示意志的所有倾向的"矢量和"，一种产生意愿行为的"矢量和"。

94 安德烈·里韦（1572 年—1651 年）是一位法国加尔文教徒，[164] 也是图尔教堂的牧师。莱布尼茨这里所提到的作品是 *Theologicae & scholasticae exercitationes CXC in Genesin*（Leiden: Batavorum, 1633）。

95 参见注释 34。

96 莱布尼茨这里提到了圣经的两段经文，它们分别是《约翰福音》第 3 章第 16 节和第 17 章第 9 节。

97 《路加福音》第 23 章第 34 节。

98 参见引言 3（1）。

99 这里提到了《罗马书》第 9 章第 20—21 节，在此，圣保罗把人类比作陶工可随意塑造的黏土。

100 莱布尼茨这里指的是《希伯来书》第 6 章第 4—6 节的经文，这是一个有争议的段落，它似乎在说，那些堕落成叛教者的人将永受诅咒。

101 埃吉迪乌斯·洪尼斯（Aegidius Hunnius，1550 年—1603 年）是一位路德宗神学家，他教导说，恩典是可抗拒的。这里所提到的作品是 *Tomus Primus Operum Latinorum*（Wittenberg, 1607–1609）。

102 老巴尔塔撒·门泽尔（1565 年—1627 年）是一位路德宗神学家。关于其作品，参见 *Opera theologica Latina*（1669）。莱布尼茨这里所提到的作品是 *Disputationes theologice & scholasticae XIV*（Marburg, 1600）。

103 参见注释 9。

104 这里指的是"撒种的比喻"，参见《马太福音》第 13 章第 3—13 节。这个比喻指的是人们对天国道理的不同反应。在比喻所提到的四种反应中，一种是有些人暂时信了，但当迫害发生时，就不再信了。耶稣宣称，他们的信仰只是暂时的（προσκαιρος）。

105 这里应该是"conditionem natam"，而不是"conditio natus"。

106 "Purificatio conditionis"（条件的纯化）是那些支持"中间知识"的理论家的专业术语，意指"前件中所描述的事态实现了"，后件中所描述的事态也会实现。

107 《雅各书》第 1 章第 13—14 节。

108 迈克尔·贝厄斯的作品与詹森后期的作品在神学上有很多相似之处，他认为，使用莱布尼茨这里所提到的区分会让人认为所预见的功德有可能在预定中发挥作用，但不是预定的原因。那就是说，根据这一理解，它们可能是救恩不会发生的条件，也可能是救恩得以生效的条件。庇护五世（1566 年—1572 年任教皇）在 1567 年颁布的教皇诏书（*Ex omnibus afflicationibus*）中对这种后来在詹森派中露出端倪的区分给予了谴责，其继任者格里高利十三世（1572 年—1585 年任教皇）在 1579 年颁布的教皇诏书（*Provisionis nostrae*）中再次对这一区分给予了谴责。

109　莱布尼茨这里引用了《格言集》（*Summa Sententiarum*），这部作品的真伪至今还不确定。关于这部作品，参见 *Patrologie latine*（Paris, 1844–1855）, volume 176。

110　这里应该是"specia"，而不是"speciam"（鉴于莱布尼茨将"ordinata"改成了"inordinata"）。

111　《罗马书》第 9 章第 16 节。 [165]

112　《罗马书》第 11 章第 33 节。

113　这个引文出处有问题。莱布尼茨想到的应该是 IaIIae Q.10 a.1 resp。

114　这句过分夸张的话所表达的看法比它看起来要简单得多。要点很简单，虽然上帝在受造物的意志上留下了爱他们的造物主的自然欲望，但受造物却转而去爱和服务那些被造物了。

115　这里应该是"defieret"，而不是"defierit"。

116　参见 Seneca, *Hercules Furens*, CCLI。这句话经常被译为"强权即公理"。

117　莱布尼茨没有在伯内特的文本中给出这条评论的插入位置，尽管它可能适用于整个段落。

118　巴塞罗缪斯·凯克曼（1571 年—1608 年）是一位改革宗神学家。关于这一点，参见 Bartholomew Keckermann, *Systema theologicum*（1602）。

119 塞谬尔·沃德（死于 1643 年）是一位加尔文教徒，他为这种观点进行了辩护，参见 *Opera nunulla* (London, 1658)。

120 托马斯·加塔克(1574 年—1654 年）是一位圣公会神学家。关于其作品，参见 *Opera Critica*, ed. H. Witsius (Utrecht, 1697–1699)。

121 参见注释 104。

进一步阅读的建议

ADAMS, ROBERT M., "Moral Necessity", in *Leibniz: Nature and Freedom*, ed. Jan Cover and Donald Rutherford, Oxford: Oxford University Press, 2005, pp.181–193.

BARUZZI, JEAN, *Leibniz et l'organisation religieuse de la terre*, Paris: Felix Alcan, 1907.

CARLIN, LAWRENCE, "Leibniz on Final Causes", *Journal of the History of Philosophy*, Vol.44, No.2 (2006), pp.217–233.

CARLN, LAWRENCE, "Leibniz on Conatus, Causation, and Freedom", *Pacific Philosophical Quarterly*, Vol.85, No. 4 (2004), pp.365–379.

DAVIDSON, JACK, "Untying the Knot: Leibniz on God's Knowledge of Future Free Contingents", *History of Philosophy Quarterly*, Vol.13, No. 1 (January 1996), pp.89–116.

EISENKOPF, PAUL, *Leibniz und die Einigung der Christenheit*, Munich: Schöningh, 1975.

GRIFFIN, MICHAEL, "Leibniz on God's Knowledge of Counterfactual", *Philosophical Review*, Vol.108, No. 3 (July 1999), pp.317–343.

KIEFL, FRANZ-XAVIER, *Der Friedensplan des Leibniz zur Wiedervereinigung der getrennten christlichen Kirchen*, Paderborn: Schöningh, 1903, reprint, Hildesheim: Olms, 1975.

LEIBNIZ, G. W., *Lettres et fragments inédits sur les problèmes philosophiques, théologiques, politiques de la reconciliation des doctrines protestantes*, ed. Paul Schrecker, Paris: Alcan, 1934.

MULLER, RICHARD B. *Post Reformation Reformed Dogmatics: The Rise and Development of Reformed Orthodoxy ca. 1520 to ca. 1725*. 4 vols. Grand Rapids, Mich.: Baker Book House, 2003. See esp. vols. 2 and 3.

PINK, THOMAS, AND MARTIN W. F. STONE, eds. *The Will and Human Action: From Antiquity to the Present Day*. London Studies in the History of Philosophy, 4. London: Routledge, 2004.

RAMELOW, TILMAN, *Gott, Freiheit, Weltenwahl: Der Ursprung des Begriffs der besten aller möglichen Welten in der Metaphysik der Willensfreiheit zwischen Antonio Perez S.J. (1599–1649) und G. W. Leibniz (1646–1716)*, Leiden: Brill, 1997.

RÖSLER, CLAIRE, "Un regard sur la correspondence irénique de Gottfried Wilhelm Leibniz et Daniel Ernst Jablonski concernant le projet d'union des Eglises protestantes (1697–1716)", in *Einheit in der Vielheit: VIII Internationaler Leibniz-Kongress*, Hanover: Leibniz Gesselschaft, 2007.

RUDOLPH, HARTMUT, "Kurtze Vorstellung der Einigkeit und des Unterschiedes im Glaubens beyder Evangelischen so gennanten Lu-   [168] therischen und Reformierten Kirchen", *Studia Leibnitiana Sonderheft*, 29 (1999), pp.128–166.

SLEIGH, ROBERT C., JR, "Leibniz on Divine Foreknowledge", *Faith and Philosophy*, Vol.11, No. 4 (October 1994), pp.547–571.

SLEIGH, ROBERT C., JR, "Moral Necessity in Leibniz's Account of Human Freedom", in *Metaphysics and the Good: Themes in the Philosophy of Robert Merrihew Adams*, ed. Samuel Newlands and Larry M. Jorgensen, Oxford: Oxford University Press, 2009, pp.252–271.

TRUEMAN, CARL, CLARK, R. S., *Protestant Scholasticism: Essays in Reassessment*, Carlisle, Pa.: Paternoster, 1999.

VAN ASSELT, WILLEM J., EEF DEKKER, *Reformation and Scholasticism: An Ecumenical Enterprise*, Grand Rapids, Mich.: Baker Book House, 2001.

人名索引

主题索引

Semipelagianism 半伯拉纠主义、半伯拉纠派，10

Socinianism 索齐尼主义、索齐尼派，viii，5–6，30–31，83，137

Spontaneity 自发性，xl–xlii，63，111，131，154n21，154n22

Sublapsarianism 堕落后预定论，5–6，8，12，21–30，55，69，121；*See also* Infralapsarianism 另参见 "Infralapsarianism"

Supralapsarianism 堕落前预定论，xxix，5，11–21，83，121–123，127，153n9，154n13

Synod of Dort（Dordrecht）多特总会；*See* Dort: Synod of 参见 "Dort: Synod of"

Trent, Council of 特伦托会议，xviii，10，73，77，81

Universalism 普救论、普救主义，55，149

Will: antecedent and consequent 意志：前件意志与后件意志，xxxv，47，97，105，119，121–123；decretive 法令性的意志，xxxvii，105；degrees of 意志的等级，45，91，107，119，133；in faculty psychology 官能心理学中的意志，xlii–xliii；free（*see* Freedom）自由意志（参见 "Freedom"）；grace and 恩典与意志，109；perceptive 告诫性的意志，xxxvi–xxxvii；sufficient reasons as 充足理由就是意志，xlv；voluntas beneplacitii vs. voluntas signi 喜悦的意志与意志的预兆，xxxvi；*See also* Permission 另参见 "Permission"

英译本后记

迈克尔·默里

    在这本书中，莱布尼茨不仅呈现了他对预定与恩典的反思，而且比除了《神正论》之外的任何其他作品都更加详细地阐述了恶的问题。令人惊讶的是，他的《论预定与恩典》从未以任何形式被发表。因此，迈克尔·默里对这本书的翻译、编辑和评述将引起研究莱布尼茨哲学与神学的学者和学生的极大兴趣。莱布尼茨论述了自由意志、道德责任、神的因果作用、正义、惩罚、神的预知和人类自由等揭示其成熟形而上学的起源及其背后的神学动机的关键方面的主题。

责任编辑：曹　春

封面设计：汪　莹

图书在版编目（CIP）数据

论预定与恩典／（德）莱布尼茨 著；高海青译 . —北京：
人民出版社，2022.6

（莱布尼茨著作书信集）

书名原文：Dissertation on Predestination and Grace

ISBN 978－7－01－024080－0

I.①论…　II.①莱…②高…　III.①莱布尼茨（Leibniz,
Gottfried Wilhelm Von 1646–1716）－哲学思想－文集

IV.① B516.22–53

中国版本图书馆 CIP 数据核字（2021）第 257936 号

论预定与恩典

LUN YUDING YU ENDIAN

[德] 莱布尼茨　著　高海青　译

人民出版社 出版发行

（100706　北京市东城区隆福寺街 99 号）

北京盛通印刷股份有限公司印刷　新华书店经销

2022 年 6 月第 1 版　2022 年 6 月北京第 1 次印刷

开本：880 毫米 ×1230 毫米 1/32　印张：8

字数：161 千字

ISBN 978－7－01－024080－0　定价：68.00 元

邮购地址 100706　北京市东城区隆福寺街 99 号

人民东方图书销售中心　电话（010）65250042　65289539